AF580244

J.-J. Rousseau. P. Galin. — Aimé Paris. — M. et Mme Emile Chevé.

LECTURE MUSICALE

1er Livre

300 AIRS

Composés ou Recueillis

par

J. Bonnet,

Professeur de Musique dans les Ecoles Primaires et Professionnelles de la Ville de Paris

Auteurs des Airs : Beethoven, Boïeldieu, Campra, Dalayrac, Désaugiers, Doche, Duni, Gaveaux, Grétry, Gluck, Haydn, Himmel, Lesueur, Loïsa Puget, Martini, Méhul, Monsigny, Mozart, Philidor, Piccini, Rameau, Reichard, Rodolphe, Romagnési, J.-J. Rousseau, Schultz, Weber, &c.

Prix broché — 1 fr.
Prix cartonné toile — 1 fr. 25

Association Galiniste

Mr Alexandre Augé, secrétaire, 32, Rue des Bons Enfants, Paris

et

Orphelinat Prévost, à Cempuis, par Grandvilliers (Oise).

3e Edition. — Janvier 1891

(C.)

Introduction

Ce livre de lecture musicale rendra les plus grands services aux élèves qui auront suivi avec fruit les leçons des ouvrages : *L'Instituteur et l'Elève musiciens* publiés par l'*Association Galiniste*. Tout en y continuant leur instruction musicale, ils y trouveront matière aux plus agréables récréations.

D'une manière générale les 70 premiers airs, temps non divisés, peuvent être lus sans difficulté après le cours élémentaire ; les 200 premiers, après le cours moyen ; et tous les autres airs (il y en a 312), dès les premières étapes du Cours supérieur.

Les professeurs trouveront avantage à faire chanter plusieurs fois chacun des airs ; ils pourront de la sorte varier l'effet, soit en changeant la tonalité, soit en accélérant le mouvement, soit enfin en usant de ces deux changements à chaque nouvelle lecture.

Il est bien entendu que le ton indiqué en tête de chaque air n'est pas absolu et que selon les principes de notre école, on choisit le ton le plus favorable aux voix qui chanteront ces airs.

De plus, pour les airs n'ayant pas de nuances marquées, on trouvera une nouvelle source de plaisir à combiner les changements de ton et de mouvement avec les nuances suivantes : *forte*, *piano*, *notes liées*, *notes piquées*, &a.

Au besoin former deux groupes d'élèves et leur faire chanter alternativement l'air pour éviter la fatigue des voix.

Nous résumons en quelques lignes les prescriptions essentielles données aux professeurs dans l'*Instituteur musicien*, cours préparatoire et élémentaire, afin d'arriver à obtenir une lecture aussi correcte et agréable que possible.

Lecture à vue.

Dans le cas d'insuccès à la première lecture, isoler les difficultés et avoir recours aux *points d'appui* pour *l'intonation*, à la *langue* des durées pour la *mesure* ; ce sont les deux *talismans infaillibles*.

Intonation.

Bien prendre le ton, consulter le diapason à la fin de chaque air pour *s'assurer* que le ton a été bien conservé, c'est à dire que la *voix n'a pas baissé*.

Se *servir* uniquement de l'*admirable système des points d'appui* pour les intonations que l'on ne connait pas.

Mesure.

Une fois le mouvement bien déterminé pour la durée de l'unité, conserver avec soin ce mouvement. Se servir du Métronome. – Que les mouvements de la main soient faits rapidement et comme si la main devait rencontrer à chaque temps un objet à frapper. – Donner plus d'intensité au premier temps de chaque mesure, *temps fort*.

Reprendre l'emploi rigoureux de la langue des durées, dès qu'il y a la moindre hésitation dans la mesure.

Expression.

A tout prix, empêchez les enfants de *crier*, obligez les à chanter *très très doucement*, en voix de *tête* à partir des notes correspondant au SOL immédiatement au dessous du son du diapason.

Tout en faisant observer avec soin par les élèves les nuances marquées, portez tous vos soins à leur faire plutôt exagérer ces nuances dans le sens de la douceur.

1er Livre. – 1re Partie. – Section A – Airs à 2 temps.

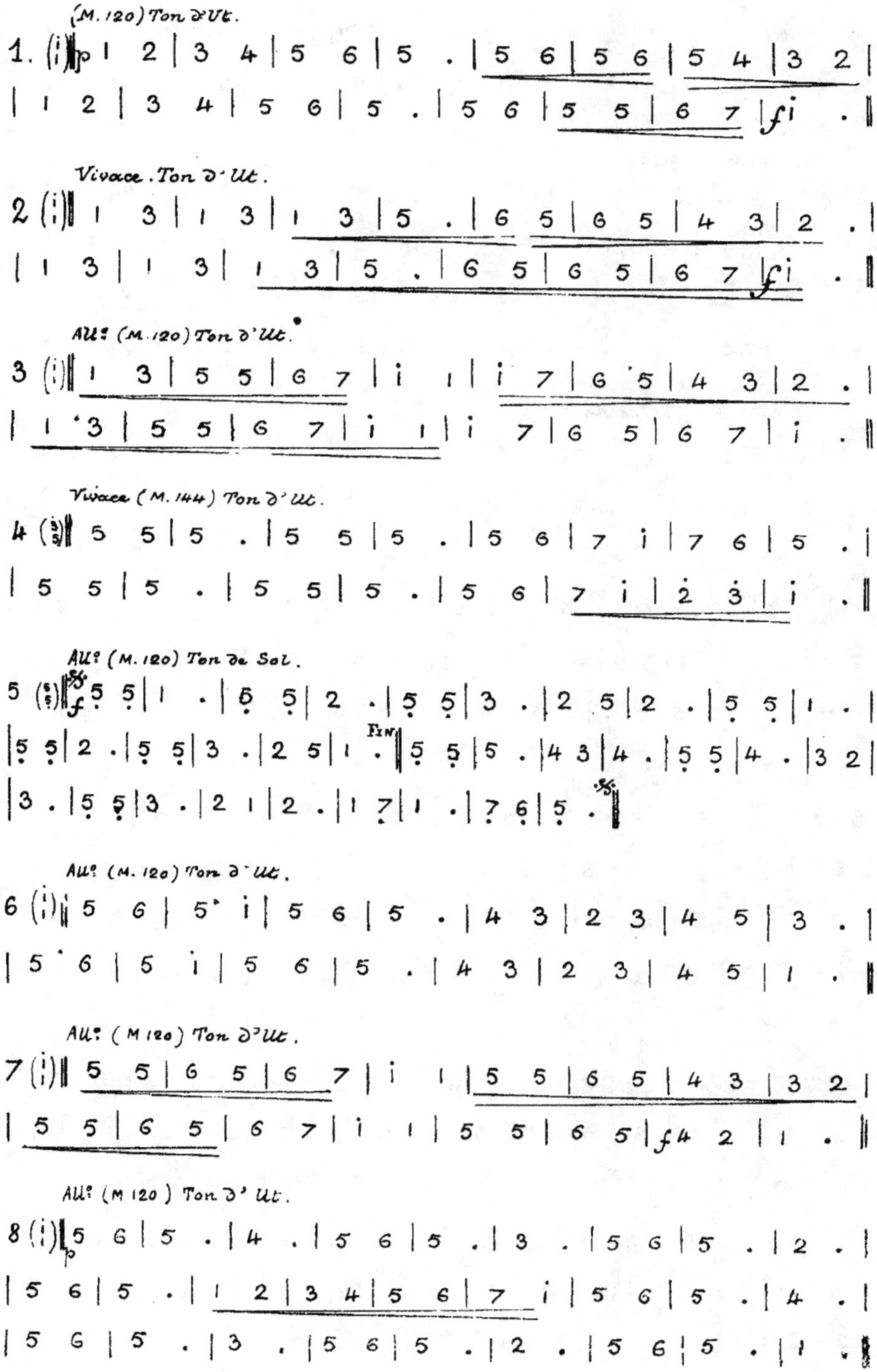

(M. 120) Ton d'Ut.

1. (i) ‖ p 1 2 | 3 4 | 5 6 | 5 . | 5 6 | 5 6 | 5 4 | 3 2 |
| 1 2 | 3 4 | 5 6 | 5 . | 5 6 | 5 5 | 6 7 | f i . ‖

Vivace. Ton d'Ut.

2 (i) ‖ 1 3 | 1 3 | 1 3 | 5 . | 6 5 | 6 5 | 4 3 | 2 . |
| 1 3 | 1 3 | 1 3 | 5 . | 6 5 | 6 5 | 6 7 | f i . ‖

All° (M. 120) Ton d'Ut.

3 (i) ‖ 1 3 | 5 5 | 6 7 | i 1 | i 7 | 6 5 | 4 3 | 2 . |
| 1 3 | 5 5 | 6 7 | i 1 | i 7 | 6 5 | 6 7 | i . ‖

Vivace (M. 144) Ton d'Ut.

4 (3/5) ‖ 5 5 | 5 . | 5 5 | 5 . | 5 6 | 7 i | 7 6 | 5 . |
| 5 5 | 5 . | 5 5 | 5 . | 5 6 | 7 i | 2 3 | i . ‖

All° (M. 120) Ton de Sol.

5 (5/5) ‖ 𝄋 f 5 5 | 1 . | 5 5 | 2 . | 5 5 | 3 . | 2 5 | 2 . | 5 5 | 1 . |
| 5 5 | 2 . | 5 5 | 3 . | 2 5 | 1 . Fin ‖ 5 5 | 5 . | 4 3 | 4 . | 5 5 | 4 . | 3 2 |
| 3 . | 5 5 | 3 . | 2 1 | 2 . | 1 7 | 1 . | 7 6 | 5 . 𝄋 ‖

All° (M. 120) Ton d'Ut.

6 (i) ‖ 5 6 | 5 i | 5 6 | 5 . | 4 3 | 2 3 | 4 5 | 3 . |
| 5 6 | 5 i | 5 6 | 5 . | 4 3 | 2 3 | 4 5 | 1 . ‖

All° (M 120) Ton d'Ut.

7 (i) ‖ 5 5 | 6 5 | 6 7 | i 1 | 5 5 | 6 5 | 4 3 | 3 2 |
| 5 5 | 6 5 | 6 7 | i 1 | 5 5 | 6 5 | f 4 2 | 1 . ‖

All° (M 120) Ton d'Ut.

8 (i) ‖ p 5 6 | 5 . | 4 . | 5 6 | 5 . | 3 . | 5 6 | 5 . | 2 . |
| 5 6 | 5 . | 1 2 | 3 4 | 5 6 | 7 i | 5 6 | 5 . | 4 . |
| 5 6 | 5 . | 3 . | 5 6 | 5 . | 2 . | 5 6 | 5 . | 1 . ‖

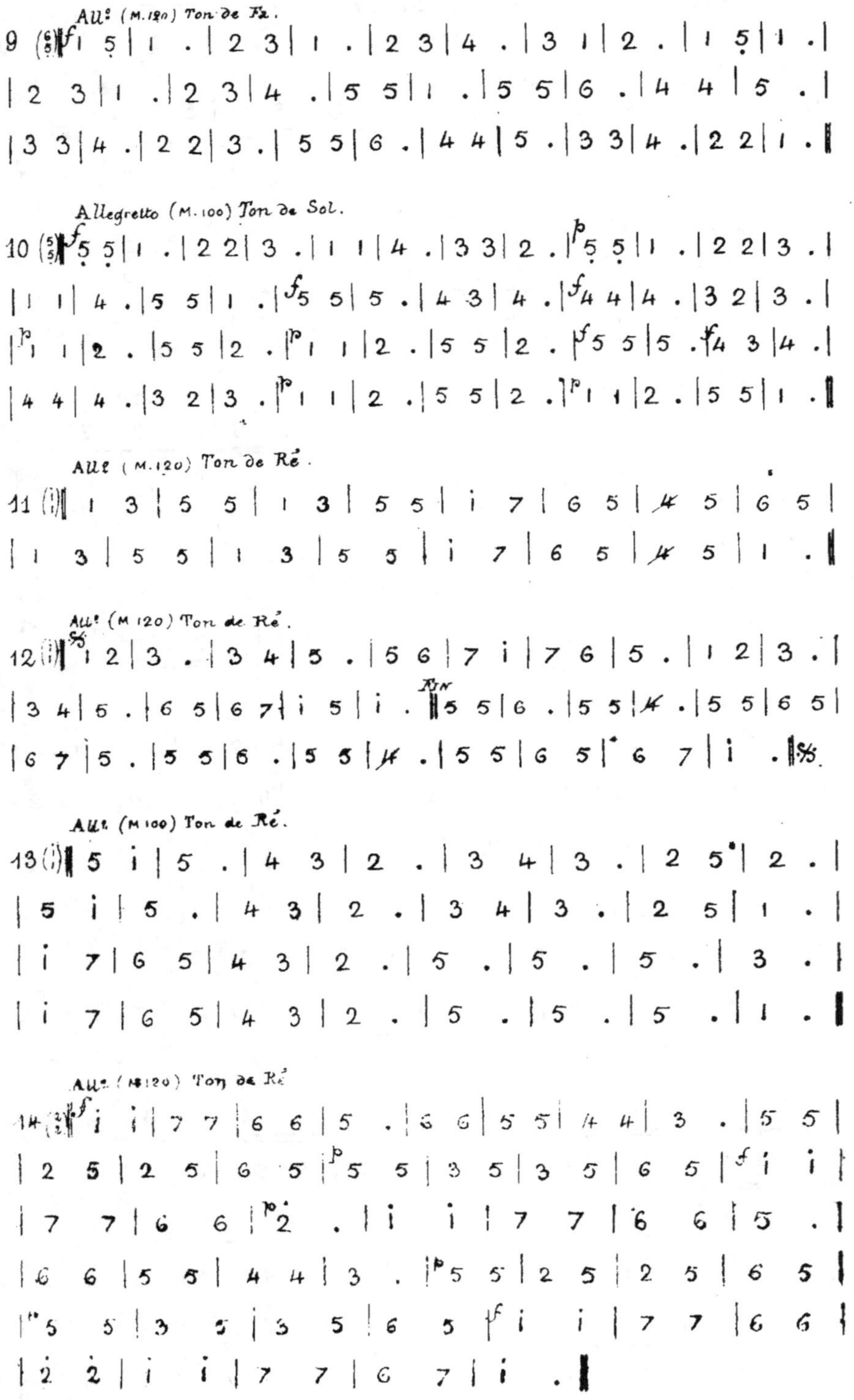

All° (M.120) Ton de Fa.

9 (6/5) f 1 5 | 1 . | 2 3 | 1 . | 2 3 | 4 . | 3 1 | 2 . | 1 5 | 1 . |
| 2 3 | 1 . | 2 3 | 4 . | 5 5 | 1 . | 5 5 | 6 . | 4 4 | 5 . |
| 3 3 | 4 . | 2 2 | 3 . | 5 5 | 6 . | 4 4 | 5 . | 3 3 | 4 . | 2 2 | 1 . ‖

Allegretto (M.100) Ton de Sol.

10 (5/5) f 5 5 | 1 . | 2 2 | 3 . | 1 1 | 4 . | 3 3 | 2 . | p 5 5 | 1 . | 2 2 | 3 . |
| 1 1 | 4 . | 5 5 | 1 . | f 5 5 | 5 . | 4 3 | 4 . | f 4 4 | 4 . | 3 2 | 3 . |
| p 1 1 | 2 . | 5 5 | 2 . | p 1 1 | 2 . | 5 5 | 2 . | f 5 5 | 5 . | f 4 3 | 4 . |
| 4 4 | 4 . | 3 2 | 3 . | p 1 1 | 2 . | 5 5 | 2 . | p 1 1 | 2 . | 5 5 | 1 . ‖

All° (M.120) Ton de Ré.

11 (i/i) ‖ 1 3 | 5 5 | 1 3 | 5 5 | i 7 | 6 5 | 4 5 | 6 5 |
| 1 3 | 5 5 | 1 3 | 5 5 | i 7 | 6 5 | 4 5 | 1 . ‖

All° (M 120) Ton de Ré.

12 (i/i) ‖ 𝄋 1 2 | 3 . | 3 4 | 5 . | 5 6 | 7 i | 7 6 | 5 . | 1 2 | 3 . |
| 3 4 | 5 . | 6 5 | 6 7 | i 5 | i . FIN ‖ 5 5 | 6 . | 5 5 | 4 . | 5 5 | 6 5 |
| 6 7 | 5 . | 5 5 | 6 . | 5 5 | 4 . | 5 5 | 6 5 | 6 7 | i . ‖ 𝄋

All° (M 100) Ton de Ré.

13 (i/i) ‖ 5 i | 5 . | 4 3 | 2 . | 3 4 | 3 . | 2 5 | 2 . |
| 5 i | 5 . | 4 3 | 2 . | 3 4 | 3 . | 2 5 | 1 . |
| i 7 | 6 5 | 4 3 | 2 . | 5 . | 5 . | 5 . | 3 . |
| i 7 | 6 5 | 4 3 | 2 . | 5 . | 5 . | 5 . | 1 . ‖

All° (M 120) Ton de Ré

14 (2/2) f i i | 7 7 | 6 6 | 5 . | 6 6 | 5 5 | 4 4 | 3 . | 5 5 |
2 5	2 5	6 5	p 5 5	3 5	3 5	6 5	f i i
7 7	6 6	p 2 .	i i	7 7	6 6	5 .
6 6	5 5	4 4	3 .	p 5 5	2 5	2 5	6 5
p 5 5	3 5	3 5	6 5	f i i	7 7	6 6
2 2	i i	7 7	6 7	i . ‖

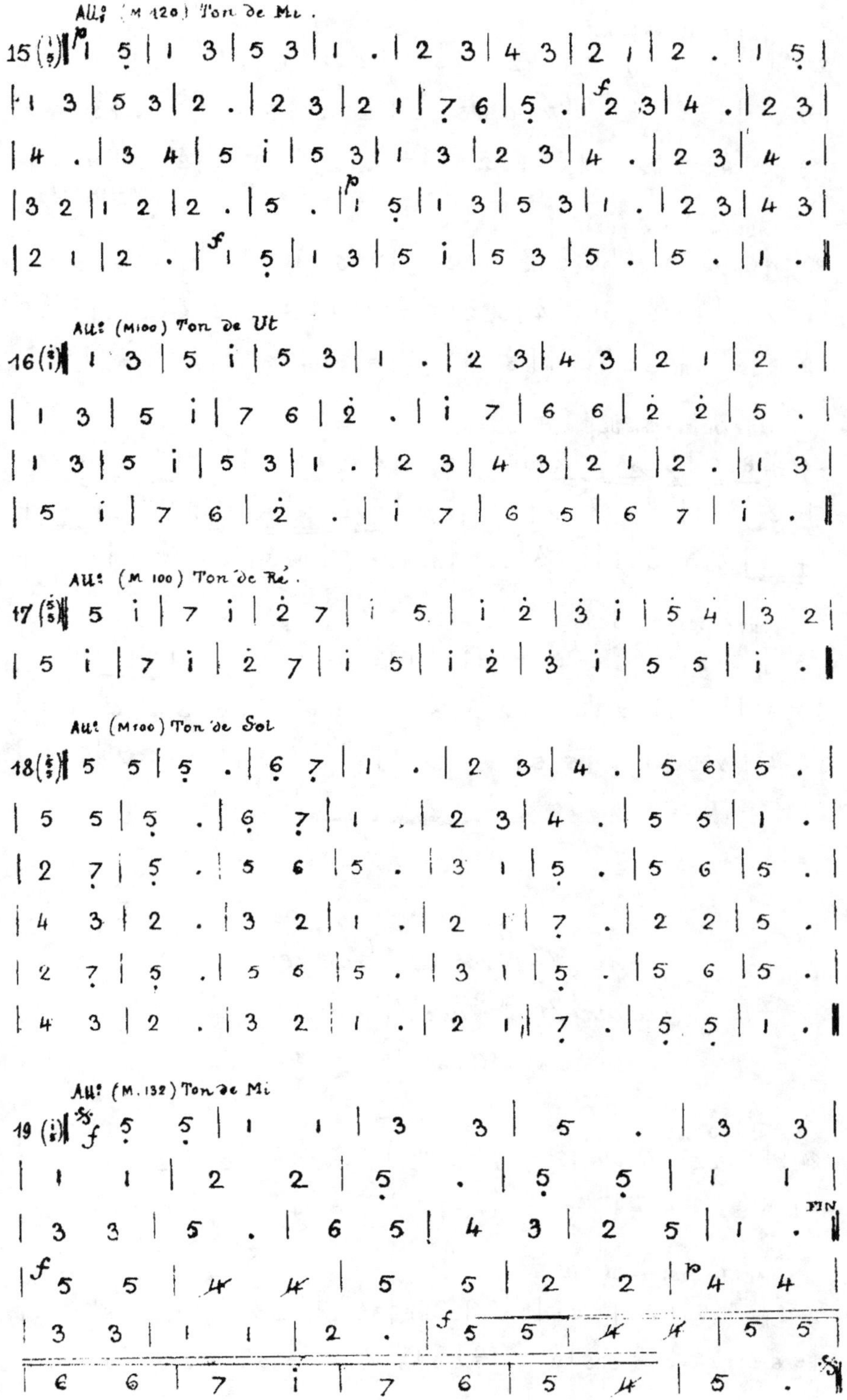

All° (M 120) Ton de Mi.

15 (1/5) ‖ p 1 5 | 1 3 | 5 3 | 1 . | 2 3 | 4 3 | 2 1 | 2 . | 1 5 |
1 3	5 3	2 .	2 3	2 1	7 6	5 .	f 2 3	4 .	2 3
4 .	3 4	5 i	5 3	1 3	2 3	4 .	2 3	4 .
3 2	1 2	2 .	5 .	p 1 5	1 3	5 3	1 .	2 3	4 3
2 1	2 .	f 1 5	1 3	5 i	5 3	5 .	5 .	1 . ‖

All° (M100) Ton de Ut

16 (1/1) ‖ 1 3 | 5 i | 5 3 | 1 . | 2 3 | 4 3 | 2 1 | 2 . |
| 1 3 | 5 i | 7 6 | 2 . | i 7 | 6 6 | 2 2 | 5 . |
| 1 3 | 5 i | 5 3 | 1 . | 2 3 | 4 3 | 2 1 | 2 . | 1 3 |
| 5 i | 7 6 | 2 . | i 7 | 6 5 | 6 7 | i . ‖

All° (M 100) Ton de Ré.

17 (5/5) ‖ 5 i | 7 i | 2 7 | i 5 | i 2 | 3 i | 5 4 | 3 2 |
| 5 i | 7 i | 2 7 | i 5 | i 2 | 3 i | 5 5 | i . ‖

All° (M100) Ton de Sol

18 (5/5) ‖ 5 5 | 5 . | 6 7 | 1 . | 2 3 | 4 . | 5 6 | 5 . |
5 5	5 .	6 7	1 .	2 3	4 .	5 5	1 .
2 7	5 .	5 6	5 .	3 1	5 .	5 6	5 .
4 3	2 .	3 2	1 .	2 1	7 .	2 2	5 .
2 7	5 .	5 6	5 .	3 1	5 .	5 6	5 .
4 3	2 .	3 2	1 .	2 1	7 .	5 5	1 . ‖

All° (M. 132) Ton de Mi

19 (1/5) ‖ 𝄋 f 5 5 | 1 1 | 3 3 | 5 . | 3 3 |
| 1 1 | 2 2 | 5 . | 5 5 | 1 1 |
| 3 3 | 5 . | 6 5 | 4 3 | 2 5 | 1 . ‖ FIN
| f 5 5 | 4 4 | 5 5 | 2 2 | p 4 4 |
| 3 3 | 1 1 | 2 . | f 5 5 | 4 4 | 5 5 |
| 6 6 | 7 i | 7 6 | 5 4 | 5 . 𝄋

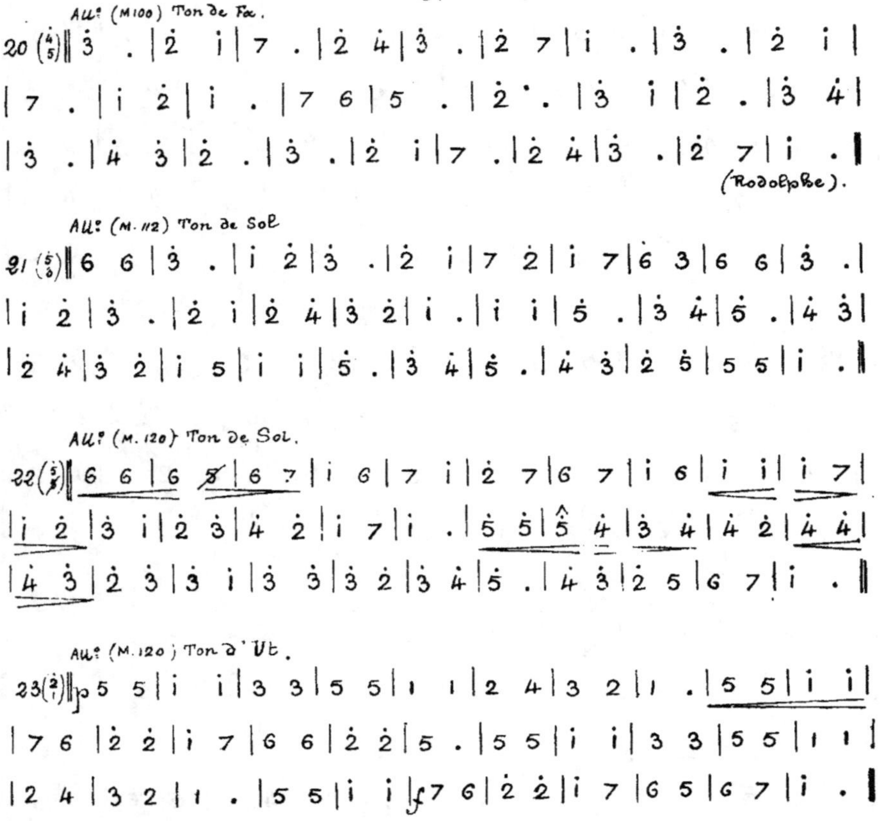

All.° (M100) Ton de Fa.

20 (4̇/5) ‖ 3̇ . | 2̇ 1̇ | 7 . | 2̇ 4̇ | 3̇ . | 2̇ 7 | 1̇ . | 3̇ . | 2̇ 1̇ |
| 7 . | 1̇ 2̇ | 1̇ . | 7 6 | 5 . | 2̇ . | 3̇ 1̇ | 2̇ . | 3̇ 4̇ |
| 3̇ . | 4̇ 3̇ | 2̇ . | 3̇ . | 2̇ 1̇ | 7 . | 2̇ 4̇ | 3̇ . | 2̇ 7 | 1̇ . ‖

(Rodolphe).

All.° (M. 112) Ton de Sol

21 (5/3) ‖ 6 6 | 3̇ . | 1̇ 2̇ | 3̇ . | 2̇ 1̇ | 7 2̇ | 1̇ 7 | 6 3 | 6 6 | 3̇ . |
| 1̇ 2̇ | 3̇ . | 2̇ 1̇ | 2̇ 4̇ | 3̇ 2̇ | 1̇ . | 1̇ 1̇ | 5̇ . | 3̇ 4̇ | 5̇ . | 4̇ 3̇ |
| 2̇ 4̇ | 3̇ 2̇ | 1̇ 5 | 1̇ 1̇ | 5̇ . | 3̇ 4̇ | 5̇ . | 4̇ 3̇ | 2̇ 5 | 5 5 | 1̇ . ‖

All.° (M. 120) Ton de Sol.

22 (5/3) ‖ 6 6 | 6 5 | 6 7 | 1̇ 6 | 7 1̇ | 2̇ 7 | 6 7 | 1̇ 6 | 1̇ 1̇ | 1̇ 7 |
| 1̇ 2̇ | 3̇ 1̇ | 2̇ 3̇ | 4̇ 2̇ | 1̇ 7 | 1̇ . | 5̇ 5̇ | 5̂̇ 4̇ | 3̇ 4̇ | 4̇ 2̇ | 4̇ 4̇ |
| 4̇ 3̇ | 2̇ 3̇ | 3̇ 1̇ | 3̇ 3̇ | 3̇ 2̇ | 3̇ 4̇ | 5̇ . | 4̇ 3̇ | 2̇ 5 | 6 7 | 1̇ . ‖

All.° (M. 120) Ton d'Ut.

23 (2/1) ‖ p 5 5 | 1̇ 1̇ | 3 3 | 5 5 | 1 1 | 2 4 | 3 2 | 1 . | 5 5 | 1̇ 1̇ |
| 7 6 | 2̇ 2̇ | 1̇ 7 | 6 6 | 2̇ 2̇ | 5 . | 5 5 | 1̇ 1̇ | 3 3 | 5 5 | 1 1 |
| 2 4 | 3 2 | 1 . | 5 5 | 1̇ 1̇ | f 7 6 | 2̇ 2̇ | 1̇ 7 | 6 5 | 6 7 | 1̇ . ‖

1er Livre _ 1ère Partie

Section B. _ Groupe 1. _ Airs à 3 temps.

Etude des Coupes [5 5 5 (ta ta ta) | 5 . . (ta a a)]

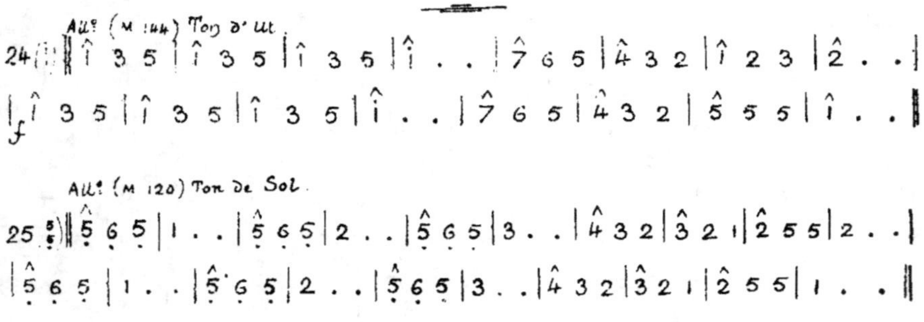

All.° (M 144) Ton d'Ut

24 ‖ 1̂ 3 5 | 1̂ 3 5 | 1̂ 3 5 | 1̂̇ . . | 7̂ 6 5 | 4̂ 3 2 | 1̂ 2 3 | 2̂ . . |
| f 1̂ 3 5 | 1̂ 3 5 | 1̂ 3 5 | 1̂̇ . . | 7̂ 6 5 | 4̂ 3 2 | 5̂ 5 5 | 1̂ . . ‖

All.° (M 120) Ton de Sol

25 (5/3) ‖ 5̂ 6 5 | 1 . . | 5̂ 6 5 | 2 . . | 5̂ 6 5 | 3 . . | 4̂ 3 2 | 3̂ 2 1 | 2̂ 5 5 | 2 . . |
| 5̂ 6 5 | 1 . . | 5̂ 6 5 | 2 . . | 5̂ 6 5 | 3 . . | 4̂ 3 2 | 3̂ 2 1 | 2̂ 5 5 | 1 . . ‖

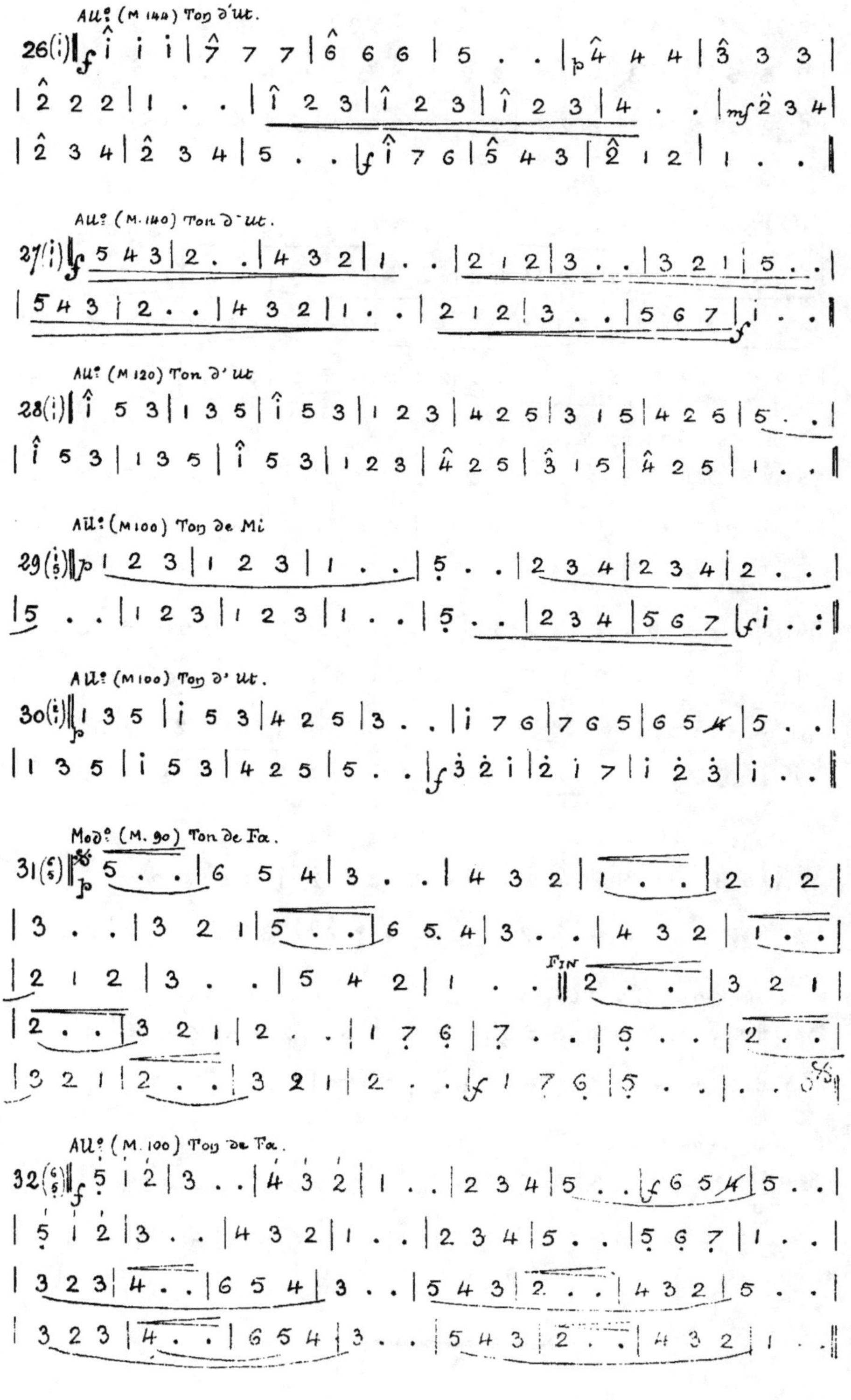

All° (M 144) Ton d'Ut.

26(i) ‖ f î i i | 7̂ 7 7 | 6̂ 6 6 | 5 . . | p 4̂ 4 4 | 3̂ 3 3 |
| 2̂ 2 2 | 1 . . | î 2 3 | î 2 3 | î 2 3 | 4 . . | mf 2̈ 3 4 |
| 2̂ 3 4 | 2̂ 3 4 | 5 . . | f î 7 6 | 5̂ 4 3 | 2̂ 1 2 | 1 . . ‖

All° (M. 140) Ton d'Ut.

27(i) ‖ f 5 4 3 | 2 . . | 4 3 2 | 1 . . | 2 1 2 | 3 . . | 3 2 1 | 5 . . |
| 5 4 3 | 2 . . | 4 3 2 | 1 . . | 2 1 2 | 3 . . | 5 6 7 | f i . . ‖

All° (M 120) Ton d'Ut

28(i) ‖ î 5 3 | 1 3 5 | î 5 3 | 1 2 3 | 4 2 5 | 3 1 5 | 4 2 5 | 5 . . |
| î 5 3 | 1 3 5 | î 5 3 | 1 2 3 | 4̂ 2 5 | 3̂ 1 5 | 4̂ 2 5 | 1 . . ‖

All° (M 100) Ton de Mi

29(i/5) ‖ p 1 2 3 | 1 2 3 | 1 . . | 5̣ . . | 2 3 4 | 2 3 4 | 2 . . |
| 5 . . | 1 2 3 | 1 2 3 | 1 . . | 5̣ . . | 2 3 4 | 5 6 7 | f i . : ‖

All° (M 100) Ton d'Ut.

30(i) ‖ p 1 3 5 | i 5 3 | 4 2 5 | 3 . . | i 7 6 | 7 6 5 | 6 5 4 | 5 . . |
| 1 3 5 | i 5 3 | 4 2 5 | 5 . . | f 3̇ 2̇ i | 2̇ i 7 | i 2̇ 3̇ | i . . ‖

Mod° (M. 90) Ton de Fa.

31(6/5) ‖ 𝄋 p 5 . . | 6 5 4 | 3 . . | 4 3 2 | 1 . . | 2 1 2 |
3 . .	3 2 1	5 . .	6 5 4	3 . .	4 3 2	1 . .
2 1 2	3 . .	5 4 2	1 . . ‖ Fin 2 . .	3 2 1
2 . .	3 2 1	2 . .	1 7̣ 6̣	7̣ . .	5̣ . .	2 . .
3 2 1	2 . .	3 2 1	2 . .	f 1 7̣ 6̣	5̣ . .	. . 𝄋 ‖

All° (M. 100) Ton de Fa.

32(6/5) ‖ f 5̣ 1 2 | 3 . . | 4 3 2 | 1 . . | 2 3 4 | 5 . . | f 6 5 4 | 5 . . |
| 5̣ 1 2 | 3 . . | 4 3 2 | 1 . . | 2 3 4 | 5 . . | 5̣ 6̣ 7̣ | 1 . . |
| 3 2 3 | 4 . . | 6 5 4 | 3 . . | 5 4 3 | 2 . . | 4 3 2 | 5 . . |
| 3 2 3 | 4 . . | 6 5 4 | 3 . . | 5 4 3 | 2 . . | 4 3 2 | 1 . . ‖

All° (M 144) Ton de Fa.

33 (6/8) ‖ 5 5 5 | 3 3 3 | 4 4 4 | 2 2 2 | 3 3 3 | 1 1 1 | 2 2 2 | 5 . . |
| 5 5 5 | 3 3 3 | 4 4 4 | 2 2 2 | 3 3 3 | 1 1 1 | 2 2 2 | 1 . . ‖ FIN
| 2 2 2 | 5 5 5 | 2 2 2 | 7 . . | 2 2 2 | 5 5 5 | 6 5 4 | 5 . . ‖

Mod° (M. 96) Ton de Fa.

34 (6/8) ‖ p 3 2 1 | 5 . . | 1 . . | 2 0 0 | 4 3 2 | 5 . . | 2 . . | 3 0 0 | 5 4 3 |
| 6 . . | 4 . . | 2 0 0 | 4 3 2 | 5 . . | 3 . . | 1 0 0 | f 2 1 2 | 3 . . |
| 4 . . | 5 0 0 | 3 2 1 | 5 . . | 1 . . | 2 0 0 | 4 3 2 | 5 . . | 2 . . |
| 3 0 0 | 5 4 3 | 6 . . | 4 . . | 2 0 0 | 4 3 2 | 5 . . | 5 . . | 1 0 0 ‖

All° (M 100) Ton de La.

35 (3/4) ‖ 5 3 4 | 5 6 7 | 1 7 1 | 2 . . | 7 6 7 | 1 . . | 6 5 6 | 7 . . |
| 5 3 4 | 5 6 7 | 1 7 1 | 2 . . | 7 6 7 | 1 . . | 2 3 2 | 1 . . ‖

Mod° (M. 96) Ton de Ré.

36 (1/7) ‖ p 1 7 1 | p 5 . . | 3 2 3 | p 1 . . | 5 6 5 | 2 . . | 5 6 5 | 3 . . |
| 1 7 1 | p 5 . . | 3 2 3 | p 1 . . | 5 6 5 | 2 . . | 5 6 5 | 1 . . ‖ FIN
| p 1 . . | 7 . . | 6 3 6 | 5 . . | 6 . . | 5 . . | 4 2 4 | 3 . . |
| 1 . . | 7 . . | 6 7 1 | 2 . . | f 2 . . | 3 . . | 2 3 4 | f 5 . . ‖

All° (M 144) Ton de Sol.

37 (3/2) ‖ 5 3 2 | 1 3 5 | 4 2 7 | 1 . 5 | 5 3 2 | 1 3 5 | 4 2 7 | 1 . . |
| 4 2 7 | 1 3 5 | 4 2 7 | 1 . 5 | 5 3 2 | 1 3 5 | 4 2 7 | 1 . . ‖

All° (M 100) Ton de Fa.

38 (6/8) ‖ 0 0 5 | 3 5 5 | 3 5 5 | 6 4 3 | 2 5 5 | 2 5 5 | 5 5 4 | 3 5 5 |
| 3 5 5 | 6 4 3 | 2 5 5 | 2 5 5 | 2 1 7 | 1 . . ‖

All° (M 100) Ton de Fa

39 (5) ‖ f 3 3 4 | 5 5 3 | 4 4 2 | 3 . 1 | 3 3 4 | 5 5 3 | 4 4 2 | 1 . . ‖ FIN
| 4 2 2 | 5 3 3 | 4 2 2 | 5 . 3 | 4 2 2 | 5 3 3 | 4 2 2 | 1 . . ‖

1re Partie _ Section B _ Groupe 2

Etude de la Coupe [5 . 5 ta a ta], & des Coupes précédtes.

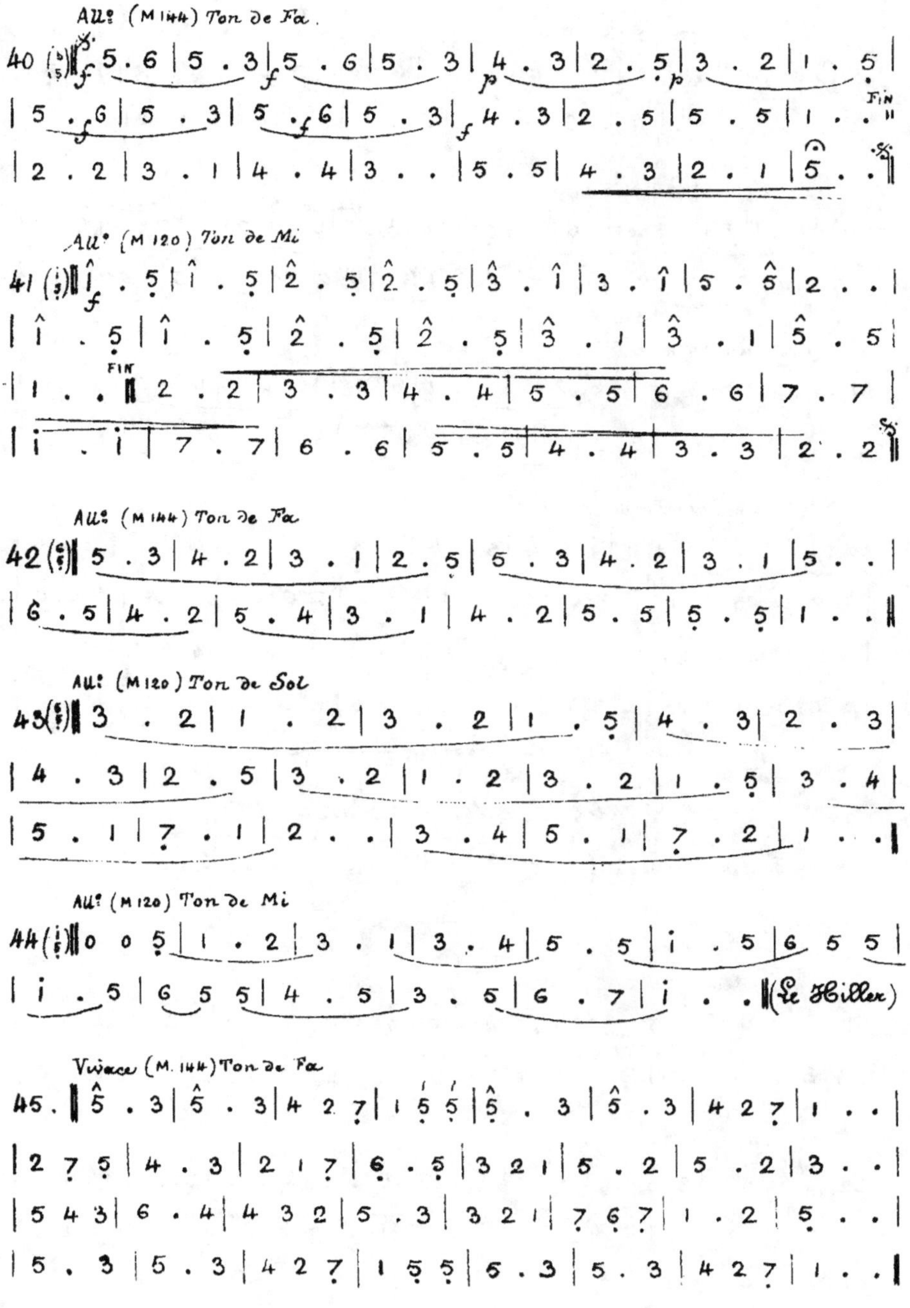

All° (M 144) Ton de Fa.

40 (2/5) 𝄋 5 . 6 | 5 . 3 | 5 . 6 | 5 . 3 | 4 . 3 | 2 . 5 | 3 . 2 | 1 . 5 |
| 5 . 6 | 5 . 3 | 5 . 6 | 5 . 3 | 4 . 3 | 2 . 5 | 5 . 5 | 1 . . FIN ‖
| 2 . 2 | 3 . 1 | 4 . 4 | 3 . . | 5 . 5 | 4 . 3 | 2 . 1 | 5 . . 𝄋 ‖

All° (M 120) Ton de Mi

41 (2/3) ‖ 1 . 5 | 1 . 5 | 2 . 5 | 2 . 5 | 3 . 1 | 3 . 1 | 5 . 5 | 2 . . |
| 1 . 5 | 1 . 5 | 2 . 5 | 2 . 5 | 3 . 1 | 3 . 1 | 5 . 5 |
| 1 . . FIN ‖ 2 . 2 | 3 . 3 | 4 . 4 | 5 . 5 | 6 . 6 | 7 . 7 |
| 1 . 1 | 7 . 7 | 6 . 6 | 5 . 5 | 4 . 4 | 3 . 3 | 2 . 2 𝄋 ‖

All° (M 144) Ton de Fa

42 (2/5) ‖ 5 . 3 | 4 . 2 | 3 . 1 | 2 . 5 | 5 . 3 | 4 . 2 | 3 . 1 | 5 . . |
| 6 . 5 | 4 . 2 | 5 . 4 | 3 . 1 | 4 . 2 | 5 . 5 | 5 . 5 | 1 . . ‖

All° (M 120) Ton de Sol

43 (2/5) ‖ 3 . 2 | 1 . 2 | 3 . 2 | 1 . 5 | 4 . 3 | 2 . 3 |
| 4 . 3 | 2 . 5 | 3 . 2 | 1 . 2 | 3 . 2 | 1 . 5 | 3 . 4 |
| 5 . 1 | 7 . 1 | 2 . . | 3 . 4 | 5 . 1 | 7 . 2 | 1 . . ‖

All° (M 120) Ton de Mi

44 (1/5) ‖ 0 0 5 | 1 . 2 | 3 . 1 | 3 . 4 | 5 . 5 | 1 . 5 | 6 5 5 |
| 1 . 5 | 6 5 5 | 4 . 5 | 3 . 5 | 6 . 7 | 1 . . ‖ (Le Hiller)

Vivace (M. 144) Ton de Fa

45. ‖ 5 . 3 | 5 . 3 | 4 2 7 | 1 5 5 | 5 . 3 | 5 . 3 | 4 2 7 | 1 . . |
| 2 7 5 | 4 . 3 | 2 1 7 | 6 . 5 | 3 2 1 | 5 . 2 | 5 . 2 | 3 . . |
| 5 4 3 | 6 . 4 | 4 3 2 | 5 . 3 | 3 2 1 | 7 6 7 | 1 . 2 | 5 . . |
| 5 . 3 | 5 . 3 | 4 2 7 | 1 5 5 | 5 . 3 | 5 . 3 | 4 2 7 | 1 . . ‖

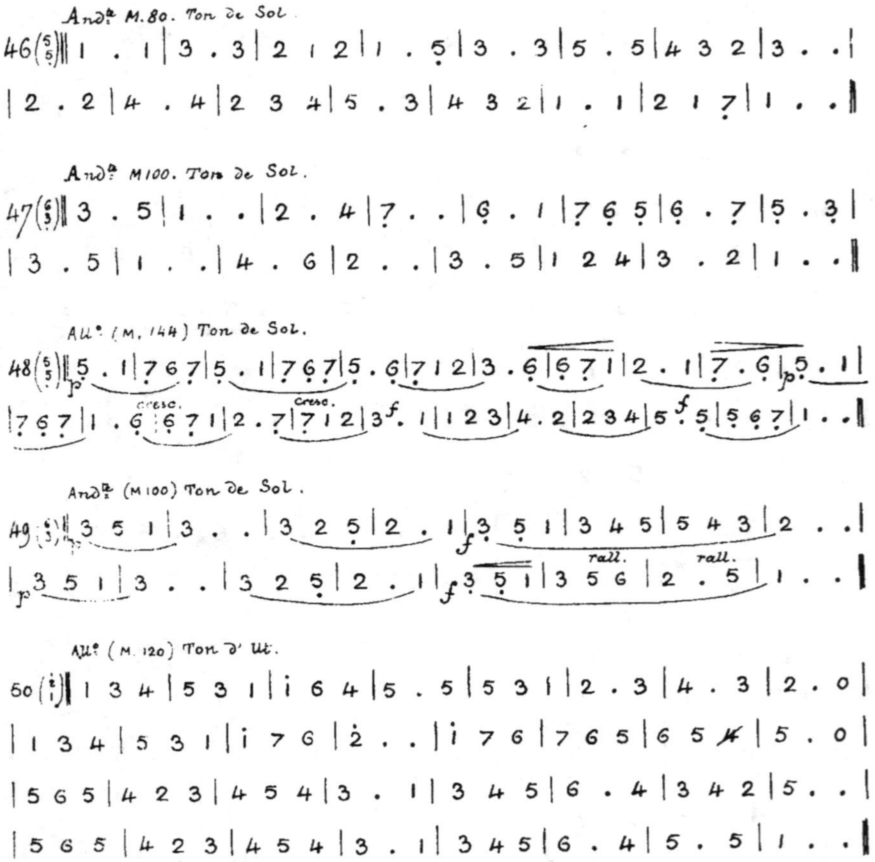

Andte M.80. Ton de Sol.

46 (5/5) ‖ 1 . 1 | 3 . 3 | 2 1 2 | 1 . 5 | 3 . 3 | 5 . 5 | 4 3 2 | 3 . . |

| 2 . 2 | 4 . 4 | 2 3 4 | 5 . 3 | 4 3 2 | 1 . 1 | 2 1 7 | 1 . . ‖

Andte M100. Ton de Sol.

47 (6/3) ‖ 3 . 5 | 1 . . | 2 . 4 | 7 . . | 6 . 1 | 7 6 5 | 6 . 7 | 5 . 3 |

| 3 . 5 | 1 . . | 4 . 6 | 2 . . | 3 . 5 | 1 2 4 | 3 . 2 | 1 . . ‖

All° (M. 144) Ton de Sol.

48 (5/5) ‖ p 5 . 1 | 7 6 7 | 5 . 1 | 7 6 7 | 5 . 6 | 7 1 2 | 3 . 6 | 6 7 1 | 2 . 1 | 7 . 6 | p 5 . 1 |

| 7 6 7 | 1 . 6 | cresc. 6 7 1 | 2 . 7 | cresc. 7 1 2 | 3 f . 1 | 1 2 3 | 4 . 2 | 2 3 4 | 5 f . 5 | 5 6 7 | 1 . . ‖

Andte (M100) Ton de Sol.

49 (5/3) ‖ p 3 5 1 | 3 . . | 3 2 5 | 2 . 1 | f 3 5 1 | 3 4 5 | 5 4 3 | 2 . . |

| p 3 5 1 | 3 . . | 3 2 5 | 2 . 1 | f 3 5 1 | 3 5 6 rall. | 2 . 5 rall. | 1 . . ‖

All° (M. 120) Ton d' Ut.

50 (i/1) ‖ 1 3 4 | 5 3 1 | i 6 4 | 5 . 5 | 5 3 1 | 2 . 3 | 4 . 3 | 2 . 0 |

| 1 3 4 | 5 3 1 | i 7 6 | 2̇ . . | i 7 6 | 7 6 5 | 6 5 4 | 5 . 0 |

| 5 6 5 | 4 2 3 | 4 5 4 | 3 . 1 | 3 4 5 | 6 . 4 | 3 4 2 | 5 . . |

| 5 6 5 | 4 2 3 | 4 5 4 | 3 . 1 | 3 4 5 | 6 . 4 | 5 . 5 | 1 . . ‖

1ère Partie. – Section B. – Groupe 3.

Études des Coupes [5 5 0 | 5 5 . (ta, ta, chu, ta, ta, a.)], et des Coupes précédentes.

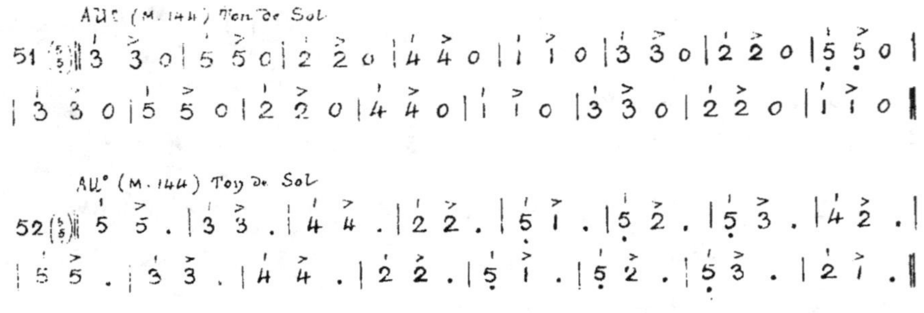

All° (M. 144) Ton de Sol

51 (5/5) ‖ 3 3 0 | 5 5 0 | 2 2 0 | 4 4 0 | i i 0 | 3 3 0 | 2 2 0 | 5 5 0 |

| 3 3 0 | 5 5 0 | 2 2 0 | 4 4 0 | i i 0 | 3 3 0 | 2 2 0 | i i 0 ‖

All° (M. 144) Ton de Sol

52 (5/5) ‖ 5 5 . | 3 3 . | 4 4 . | 2 2 . | 5 i . | 5 2 . | 5 3 . | 4 2 . |

| 5 5 . | 3 3 . | 4 4 . | 2 2 . | 5 i . | 5 2 . | 5 3 . | 2 i . ‖

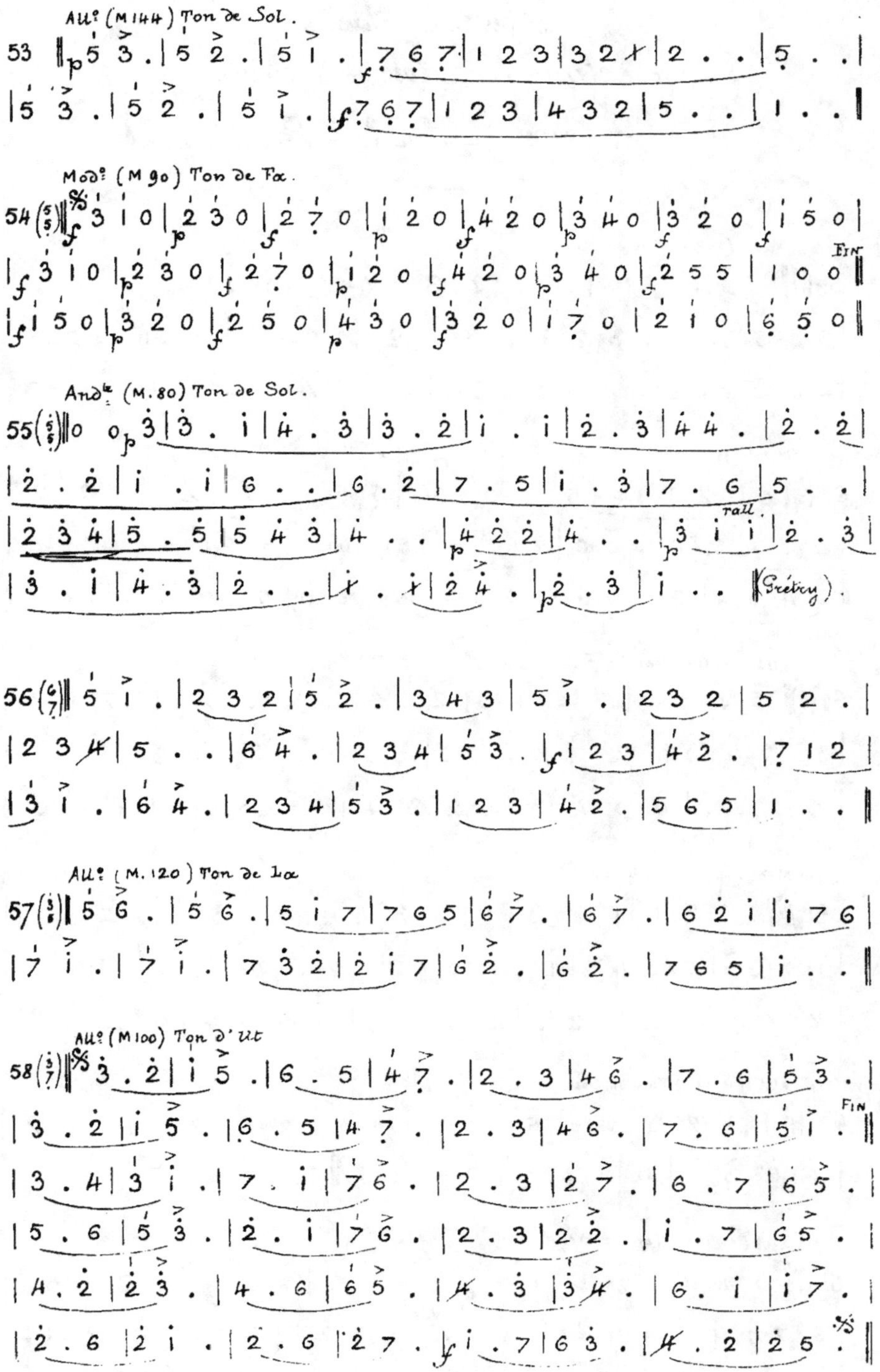

All° (M 144) Ton de Sol.

53 ‖ p 5 3 . | 5 2 . | 5 1 . | f 7 6 7 | 1 2 3 | 3 2 4 | 2 . . | 5 . . |
| 5 3 . | 5 2 . | 5 1 . | f 7 6 7 | 1 2 3 | 4 3 2 | 5 . . | 1 . . ‖

Modº (M 90) Ton de Fa.

54 (5/5) ‖ f 3 1 0 | p 2 3 0 | f 2 7 0 | p 1 2 0 | f 4 2 0 | p 3 4 0 | f 3 2 0 | f 1 5 0 |
| f 3 1 0 | p 2 3 0 | f 2 7 0 | p 1 2 0 | f 4 2 0 | p 3 4 0 | f 2 5 5 | 1 0 0 ‖ Fin
| f 1 5 0 | p 3 2 0 | f 2 5 0 | p 4 3 0 | f 3 2 0 | 1 7 0 | 2 1 0 | 6 5 0 ‖

Andte (M. 80) Ton de Sol.

55 (5/5) ‖ 0 0 p 3 | 3 . 1 | 4 . 3 | 3 . 2 | 1 . 1 | 2 . 3 | 4 4 . | 2 . 2 |
| 2 . 2 | 1 . 1 | 6 . . | 6 . 2 | 7 . 5 | 1 . 3 | 7 . 6 | 5 . . |
| 2 3 4 | 5 . 5 | 5 4 3 | 4 . . | p 4 2 2 | 4 . . | p 3 1 1 | 2 . 3 | rall.
| 3 . 1 | 4 . 3 | 2 . . | 4 . 4 | 2 4 . | p 2 . 3 | 1 . . ‖ (Grétry).

56 (6/7) ‖ 5 1 . | 2 3 2 | 5 2 . | 3 4 3 | 5 1 . | 2 3 2 | 5 2 . |
| 2 3 4 | 5 . . | 6 4 . | 2 3 4 | 5 3 . | f 1 2 3 | 4 2 . | 7 1 2 |
| 3 1 . | 6 4 . | 2 3 4 | 5 3 . | 1 2 3 | 4 2 . | 5 6 5 | 1 . . ‖

All° (M. 120) Ton de La

57 (3/6) ‖ 5 6 . | 5 6 . | 5 1 7 | 7 6 5 | 6 7 . | 6 7 . | 6 2 1 | 1 7 6 |
| 7 1 . | 7 1 . | 7 3 2 | 2 1 7 | 6 2 . | 6 2 . | 7 6 5 | 1 . . ‖

All° (M 100) Ton d'Ut

58 (3/7) ‖ 𝄋 3 . 2 | 1 5 . | 6 . 5 | 4 7 . | 2 . 3 | 4 6 . | 7 . 6 | 5 3 . |
| 3 . 2 | 1 5 . | 6 . 5 | 4 7 . | 2 . 3 | 4 6 . | 7 . 6 | 5 1 . ‖ Fin
3 . 4	3 1 .	7 . 1	7 6 .	2 . 3	2 7 .	6 . 7	6 5 .
5 . 6	5 3 .	2 . 1	7 6 .	2 . 3	2 2 .	1 . 7	6 5 .
4 . 2	2 3 .	4 . 6	6 5 .	4 . 3	3 4 .	6 . 1	1 7 .
2 . 6	2 1 .	2 . 6	2 7 .	f 1 . 7	6 3 .	4 . 2	2 5 . 𝄋 ‖

1er Livre. 1re Partie.

Section C. Airs à 4 temps.

Etudes des Coupes (5 5 5 5 | 5 . 5 . | 5 . . . | 5 . . 5 — ta ta ta ta ta a ta a ta a a a ta a a ta)

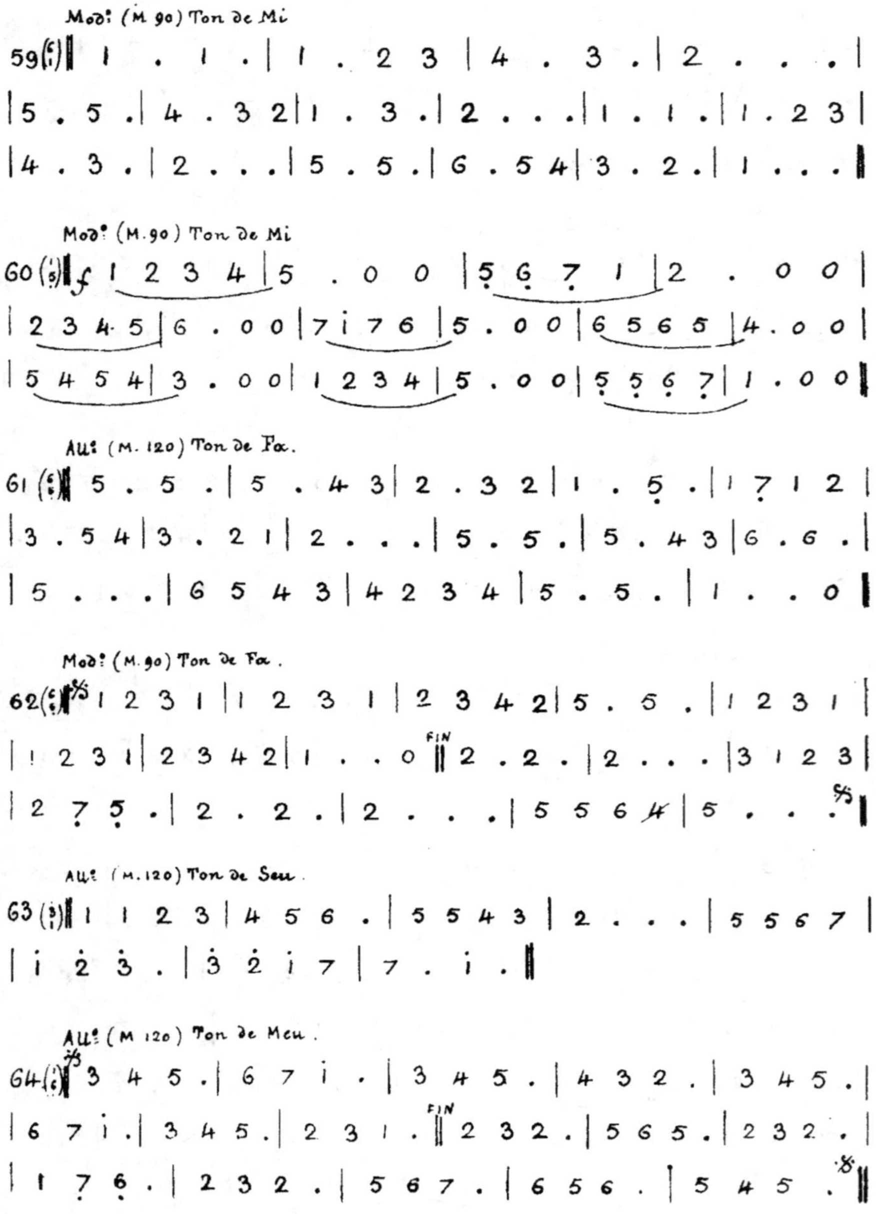

Modt (M 90) Ton de Mi

59 ||: 1 . 1 . | 1 . 2 3 | 4 . 3 . | 2 . . . |
| 5 . 5 . | 4 . 3 2 | 1 . 3 . | 2 . . . | 1 . 1 . | 1 . 2 3 |
| 4 . 3 . | 2 . . . | 5 . 5 . | 6 . 5 4 | 3 . 2 . | 1 . . . ||

Modt (M. 90) Ton de Mi

60 || f 1 2 3 4 | 5 . 0 0 | 5 6 7 1 | 2 . 0 0 |
| 2 3 4 5 | 6 . 0 0 | 7 i 7 6 | 5 . 0 0 | 6 5 6 5 | 4 . 0 0 |
| 5 4 5 4 | 3 . 0 0 | 1 2 3 4 | 5 . 0 0 | 5 5 6 7 | 1 . 0 0 ||

Allo (M. 120) Ton de Fa.

61 || 5 . 5 . | 5 . 4 3 | 2 . 3 2 | 1 . 5 . | 1 7 1 2 |
| 3 . 5 4 | 3 . 2 1 | 2 . . . | 5 . 5 . | 5 . 4 3 | 6 . 6 . |
| 5 . . . | 6 5 4 3 | 4 2 3 4 | 5 . 5 . | 1 . . 0 ||

Modt (M. 90) Ton de Fa.

62 || 𝄋 1 2 3 1 | 1 2 3 1 | 2 3 4 2 | 5 . 5 . | 1 2 3 1 |
| 1 2 3 1 | 2 3 4 2 | 1 . . 0 FIN || 2 . 2 . | 2 . . . | 3 1 2 3 |
| 2 7 5 . | 2 . 2 . | 2 . . . | 5 5 6 4 | 5 . . . 𝄋 ||

Allo (M. 120) Ton de Sol.

63 || 1 1 2 3 | 4 5 6 . | 5 5 4 3 | 2 . . . | 5 5 6 7 |
| i 2 3 . | 3 2 i 7 | 7 . i . ||

Allo (M 120) Ton de Mi.

64 || 𝄋 3 4 5 . | 6 7 i . | 3 4 5 . | 4 3 2 . | 3 4 5 . |
| 6 7 i . | 3 4 5 . | 2 3 1 . FIN || 2 3 2 . | 5 6 5 . | 2 3 2 . |
| 1 7 6 . | 2 3 2 . | 5 6 7 . | 6 5 6 . | 5 4 5 . 𝄋 ||

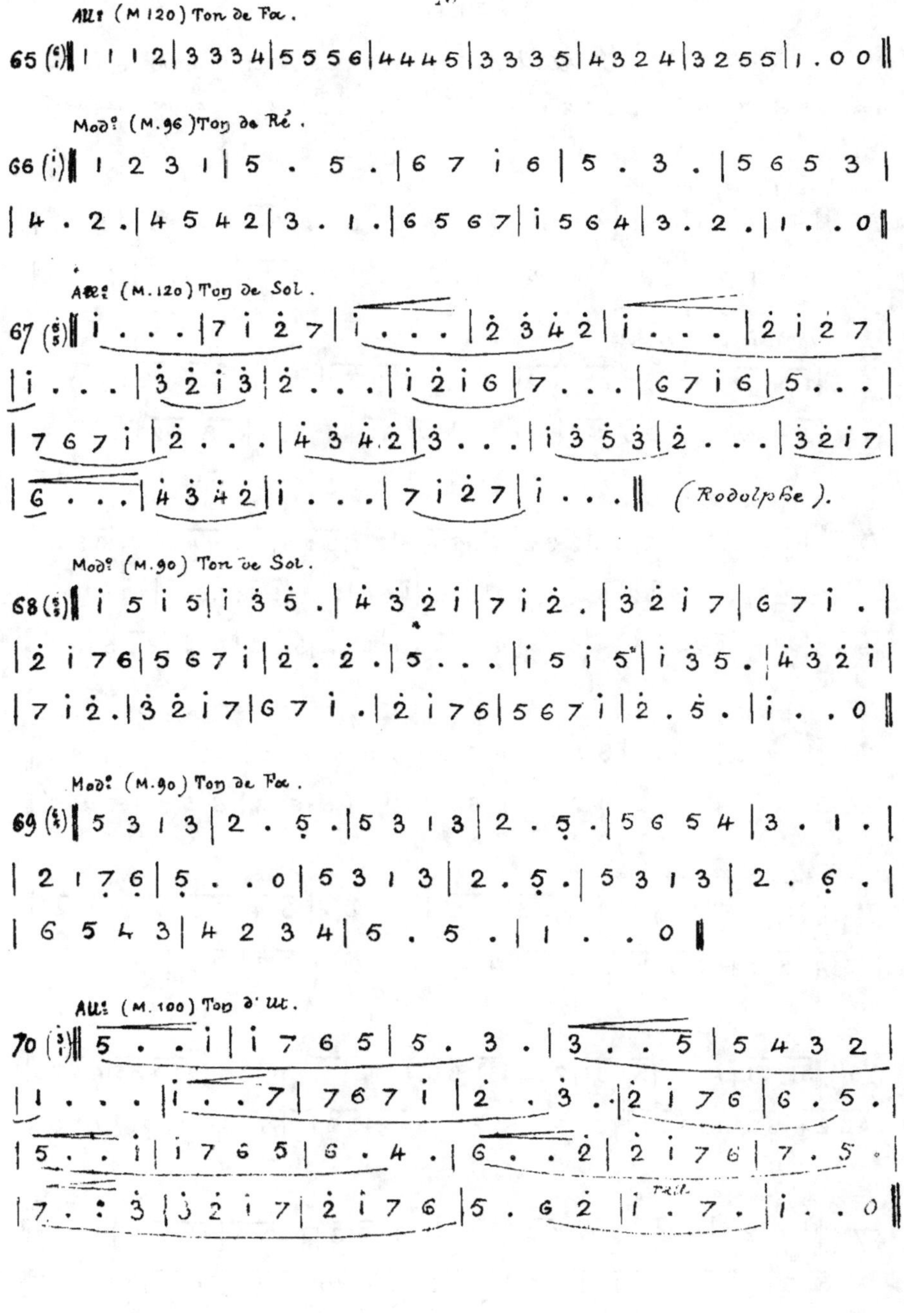

All° (M 120) Ton de Fa.

65 (6/1) ‖ 1 1 1 2 | 3 3 3 4 | 5 5 5 6 | 4 4 4 5 | 3 3 3 5 | 4 3 2 4 | 3 2 5 5 | 1 . 0 0 ‖

Mod° (M. 96) Ton de Ré.

66 (1̇/1) ‖ 1 2 3 1 | 5 . 5 . | 6 7 1̇ 6 | 5 . 3 . | 5 6 5 3 |
| 4 . 2 . | 4 5 4 2 | 3 . 1 . | 6 5 6 7 | 1̇ 5 6 4 | 3 . 2 . | 1 . . 0 ‖

All° (M. 120) Ton de Sol.

67 (5/5) ‖ 1̇ . . . | 7 1̇ 2̇ 7 | 1̇ . . . | 2̇ 3̇ 4̇ 2̇ | 1̇ . . . | 2̇ 1̇ 2̇ 7 |
| 1̇ . . . | 3̇ 2̇ 1̇ 3̇ | 2̇ . . . | 1̇ 2̇ 1̇ 6 | 7 . . . | 6 7 1̇ 6 | 5 . . . |
| 7 6 7 1̇ | 2̇ . . . | 4̇ 3̇ 4̇ 2̇ | 3̇ . . . | 1̇ 3̇ 5̇ 3̇ | 2̇ . . . | 3̇ 2̇ 1̇ 7 |
| 6 . . . | 4̇ 3̇ 4̇ 2̇ | 1̇ . . . | 7 1̇ 2̇ 7 | 1̇ . . . ‖ (Rodolphe).

Mod° (M. 90) Ton de Sol.

68 (5/5) ‖ 1̇ 5 1̇ 5 | 1̇ 3̇ 5̇ . | 4̇ 3̇ 2̇ 1̇ | 7 1̇ 2̇ . | 3̇ 2̇ 1̇ 7 | 6 7 1̇ . |
| 2̇ 1̇ 7 6 | 5 6 7 1̇ | 2̇ . 2̇ . | 5̇ . . . | 1̇ 5 1̇ 5 | 1̇ 3̇ 5̇ . | 4̇ 3̇ 2̇ 1̇ |
| 7 1̇ 2̇ . | 3̇ 2̇ 1̇ 7 | 6 7 1̇ . | 2̇ 1̇ 7 6 | 5 6 7 1̇ | 2̇ . 5̇ . | 1̇ . . 0 ‖

Mod° (M. 90) Ton de Fa.

69 (6/1) ‖ 5 3 1 3 | 2 . 5̣ . | 5 3 1 3 | 2 . 5̣ . | 5 6 5 4 | 3 . 1 . |
| 2 1 7̣ 6̣ | 5̣ . . 0 | 5 3 1 3 | 2 . 5̣ . | 5 3 1 3 | 2 . 6̣ . |
| 6 5 4 3 | 4 2 3 4 | 5 . 5 . | 1 . . 0 ‖

All° (M. 100) Ton d'Ut.

70 (3/1) ‖ 5 . . 1̇ | 1̇ 7 6 5 | 5 . 3 . | 3 . . 5 | 5 4 3 2 |
| 1 . . . | 1̇ . . 7 | 7 6 7 1̇ | 2̇ . 3̇ . | 2̇ 1̇ 7 6 | 6 . 5 . |
| 5 . . 1̇ | 1̇ 7 6 5 | 6 . 4 . | 6 . . 2̇ | 2̇ 1̇ 7 6 | 7 . 5 . |
| 7 . . 3̇ | 3̇ 2̇ 1̇ 7 | 2̇ 1̇ 7 6 | 5 . 6 2̇ | 1̇ . 7 . (tr.) | 1̇ . . 0 ‖

1er Livre _ 2e Partie _ Section A . Division binaire

Airs à 2 temps _ Etude de la Coupe {5 5 / ta ta} et des coupes précédentes.

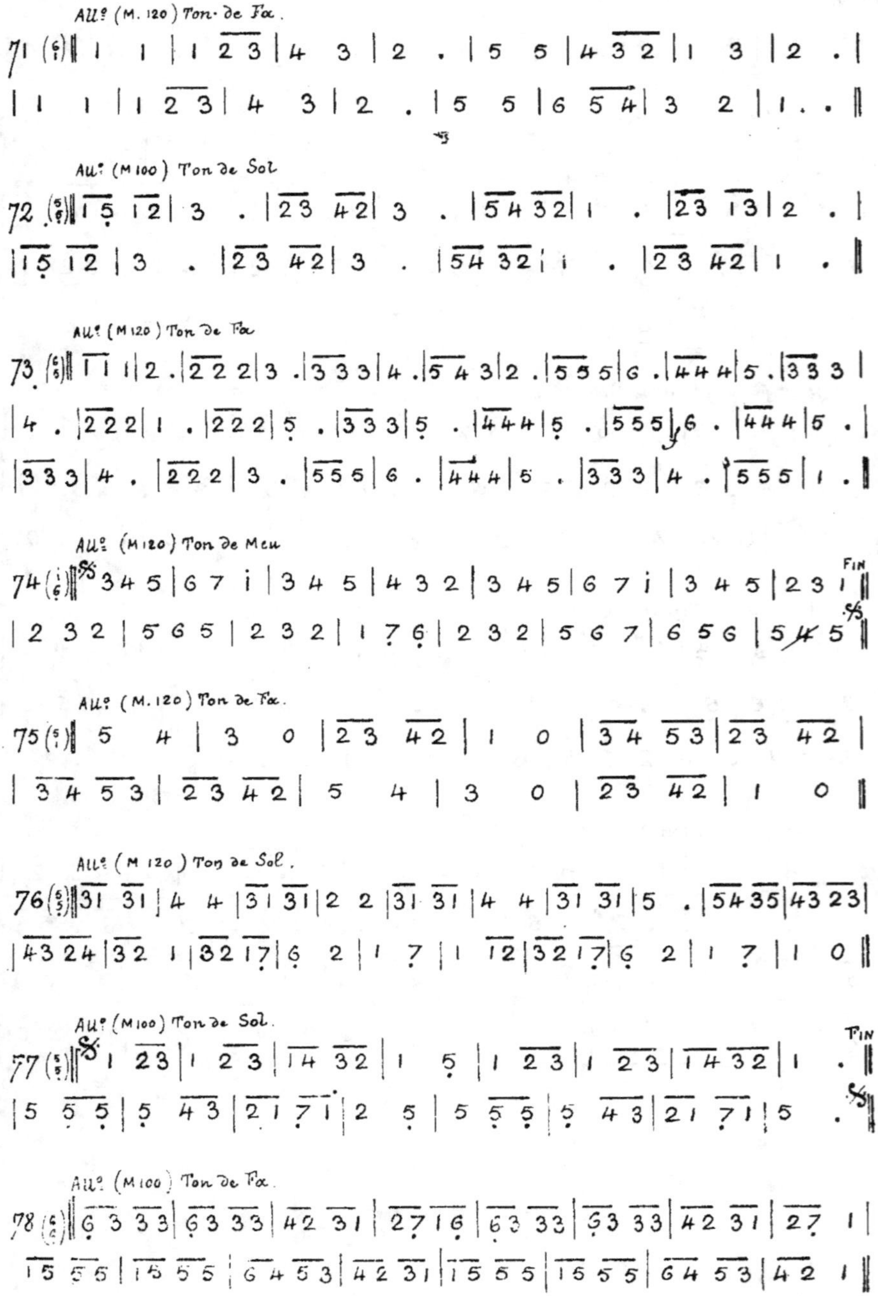

All° (M. 120) Ton de Fa.

71 (6/1) ‖ 1 1 | 1 2 3 | 4 3 | 2 . | 5 5 | 4 3 2 | 1 3 | 2 . |
| 1 1 | 1 2 3 | 4 3 | 2 . | 5 5 | 6 5 4 | 3 2 | 1 . . ‖

All° (M 100) Ton de Sol

72 (5/8) ‖ 1 5 1 2 | 3 . | 2 3 4 2 | 3 . | 5 4 3 2 | 1 . | 2 3 1 3 | 2 . |
| 1 5 1 2 | 3 . | 2 3 4 2 | 3 . | 5 4 3 2 | 1 . | 2 3 4 2 | 1 . ‖

All° (M 120) Ton de Fa

73 (6/5) ‖ 1 1 1 | 2 . | 2 2 2 | 3 . | 3 3 3 | 4 . | 5 4 3 | 2 . | 5 5 5 | 6 . | 4 4 4 | 5 . | 3 3 3 |
| 4 . | 2 2 2 | 1 . | 2 2 2 | 5 . | 3 3 3 | 5 . | 4 4 4 | 5 . | 5 5 5 | 6 . | 4 4 4 | 5 . |
| 3 3 3 | 4 . | 2 2 2 | 3 . | 5 5 5 | 6 . | 4 4 4 | 5 . | 3 3 3 | 4 . | 5 5 5 | 1 . ‖

All° (M 120) Ton de Mi

74 (1/6) ‖ 𝄋 3 4 5 | 6 7 i | 3 4 5 | 4 3 2 | 3 4 5 | 6 7 i | 3 4 5 | 2 3 1 ‖ FIN
| 2 3 2 | 5 6 5 | 2 3 2 | 1 7 6 | 2 3 2 | 5 6 7 | 6 5 6 | 5 4 5 ‖ 𝄋

All° (M. 120) Ton de Fa.

75 (5/1) ‖ 5 4 | 3 0 | 2 3 4 2 | 1 0 | 3 4 5 3 | 2 3 4 2 |
| 3 4 5 3 | 2 3 4 2 | 5 4 | 3 0 | 2 3 4 2 | 1 0 ‖

All° (M 120) Ton de Sol.

76 (5/3) ‖ 3 1 3 1 | 4 4 | 3 1 3 1 | 2 2 | 3 1 3 1 | 4 4 | 3 1 3 1 | 5 . | 5 4 3 5 | 4 3 2 3 |
| 4 3 2 4 | 3 2 1 | 3 2 1 7 | 6 2 | 1 7 | 1 1 2 | 3 2 1 7 | 6 2 | 1 7 | 1 0 ‖

All° (M 100) Ton de Sol.

77 (5/5) ‖ 𝄋 1 2 3 | 1 2 3 | 1 4 3 2 | 1 5 | 1 2 3 | 1 2 3 | 1 4 3 2 | 1 . ‖ FIN
| 5 5 5 | 5 4 3 | 2 1 7 1 | 2 5 | 5 5 5 | 5 4 3 | 2 1 7 1 | 5 . 𝄋 ‖

All° (M 100) Ton de Fa.

78 (6/6) ‖ 6 3 3 3 | 6 3 3 3 | 4 2 3 1 | 2 7 1 6 | 6 3 3 3 | 6 3 3 3 | 4 2 3 1 | 2 7 1 |
| 1 5 5 5 | 1 5 5 5 | 6 4 5 3 | 4 2 3 1 | 1 5 5 5 | 1 5 5 5 | 6 4 5 3 | 4 2 1 ‖

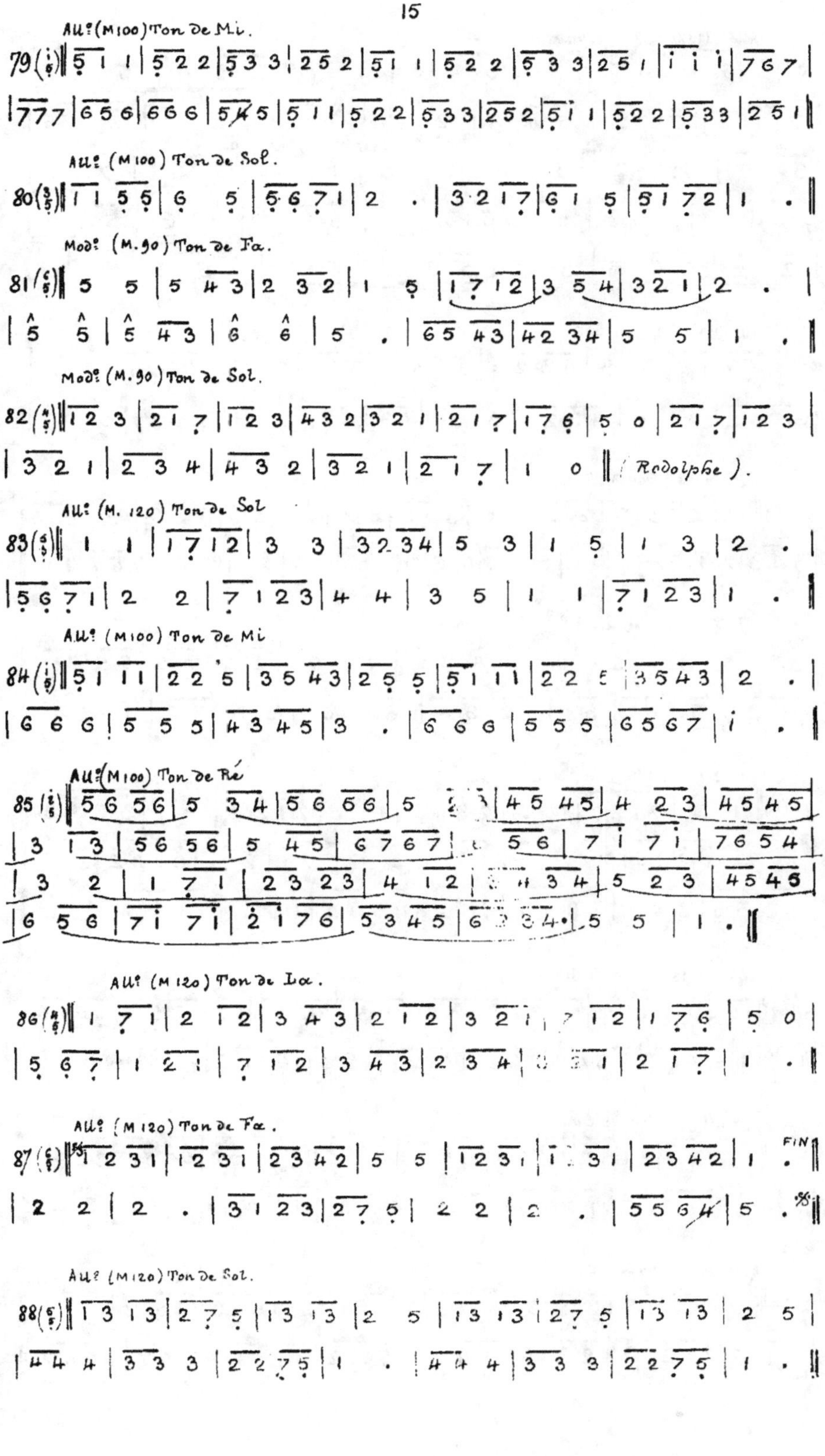

All° (M100) Ton de Mi.

79 (1/5) ‖ 5 1 1 | 5 2 2 | 5 3 3 | 2 5 2 | 5 1 1 | 5 2 2 | 5 3 3 | 2 5 1 | 1 1 1 | 7 6 7 |
| 7 7 7 | 6 5 6 | 6 6 6 | 5 4 5 | 5 1 1 | 5 2 2 | 5 3 3 | 2 5 2 | 5 1 1 | 5 2 2 | 5 3 3 | 2 5 1 ‖

All° (M100) Ton de Sol.

80 (3/5) ‖ 1 1 5 5 | 6 5 | 5 6 7 1 | 2 . | 3 2 1 7 | 6 1 5 | 5 1 7 2 | 1 . ‖

Mod° (M.90) Ton de Fa.

81 (6/5) ‖ 5 5 | 5 4 3 | 2 3 2 | 1 5 | 1 7 1 2 | 3 5 4 | 3 2 1 | 2 . |
| 5 5 | 5 4 3 | 6 6 | 5 . | 6 5 4 3 | 4 2 3 4 | 5 5 | 1 . ‖

Mod° (M.90) Ton de Sol.

82 (4/5) ‖ 1 2 3 | 2 1 7 | 1 2 3 | 4 3 2 | 3 2 1 | 2 1 7 | 1 7 6 | 5 0 | 2 1 7 | 1 2 3 |
| 3 2 1 | 2 3 4 | 4 3 2 | 3 2 1 | 2 1 7 | 1 0 ‖ (Rodolphe).

All° (M. 120) Ton de Sol

83 (6/5) ‖ 1 1 | 1 7 1 2 | 3 3 | 3 2 3 4 | 5 3 | 1 5 | 1 3 | 2 . |
| 5 6 7 1 | 2 2 | 7 1 2 3 | 4 4 | 3 5 | 1 1 | 7 1 2 3 | 1 . ‖

All° (M100) Ton de Mi

84 (1/5) ‖ 5 1 1 1 | 2 2 5 | 3 5 4 3 | 2 5 5 | 5 1 1 1 | 2 2 5 | 3 5 4 3 | 2 . |
| 6 6 6 | 5 5 5 | 4 3 4 5 | 3 . | 6 6 6 | 5 5 5 | 6 5 6 7 | 1 . ‖

All° (M100) Ton de Ré

85 (2/5) ‖ 5 6 5 6 | 5 3 4 | 5 6 6 6 | 5 2 3 | 4 5 4 5 | 4 2 3 | 4 5 4 5 |
| 3 1 3 | 5 6 5 6 | 5 4 5 | 6 7 6 7 | 6 5 6 | 7 1 7 1 | 7 6 5 4 |
| 3 2 | 1 7 1 | 2 3 2 3 | 4 1 2 | 3 4 3 4 | 5 2 3 | 4 5 4 5 |
| 6 5 6 | 7 1 7 1 | 2 1 7 6 | 5 3 4 5 | 6 2 3 4 . | 5 5 | 1 . ‖

All° (M 120) Ton de La.

86 (4/5) ‖ 1 7 1 | 2 1 2 | 3 4 3 | 2 1 2 | 3 2 1 | 7 1 2 | 1 7 6 | 5 0 |
| 5 6 7 | 1 2 1 | 7 1 2 | 3 4 3 | 2 3 4 | 3 2 1 | 2 1 7 | 1 . ‖

All° (M 120) Ton de Fa.

87 (6/5) ‖ % 1 2 3 1 | 1 2 3 1 | 2 3 4 2 | 5 5 | 1 2 3 1 | 1 2 3 1 | 2 3 4 2 | 1 . FIN ‖
| 2 2 | 2 . | 3 1 2 3 | 2 7 5 | 2 2 | 2 . | 5 5 6 4 | 5 . % ‖

All° (M120) Ton de Sol.

88 (5/5) ‖ 1 3 1 3 | 2 7 5 | 1 3 1 3 | 2 5 | 1 3 1 3 | 2 7 5 | 1 3 1 3 | 2 5 |
| 4 4 4 | 3 3 3 | 2 2 7 5 | 1 . | 4 4 4 | 3 3 3 | 2 2 7 5 | 1 . ‖

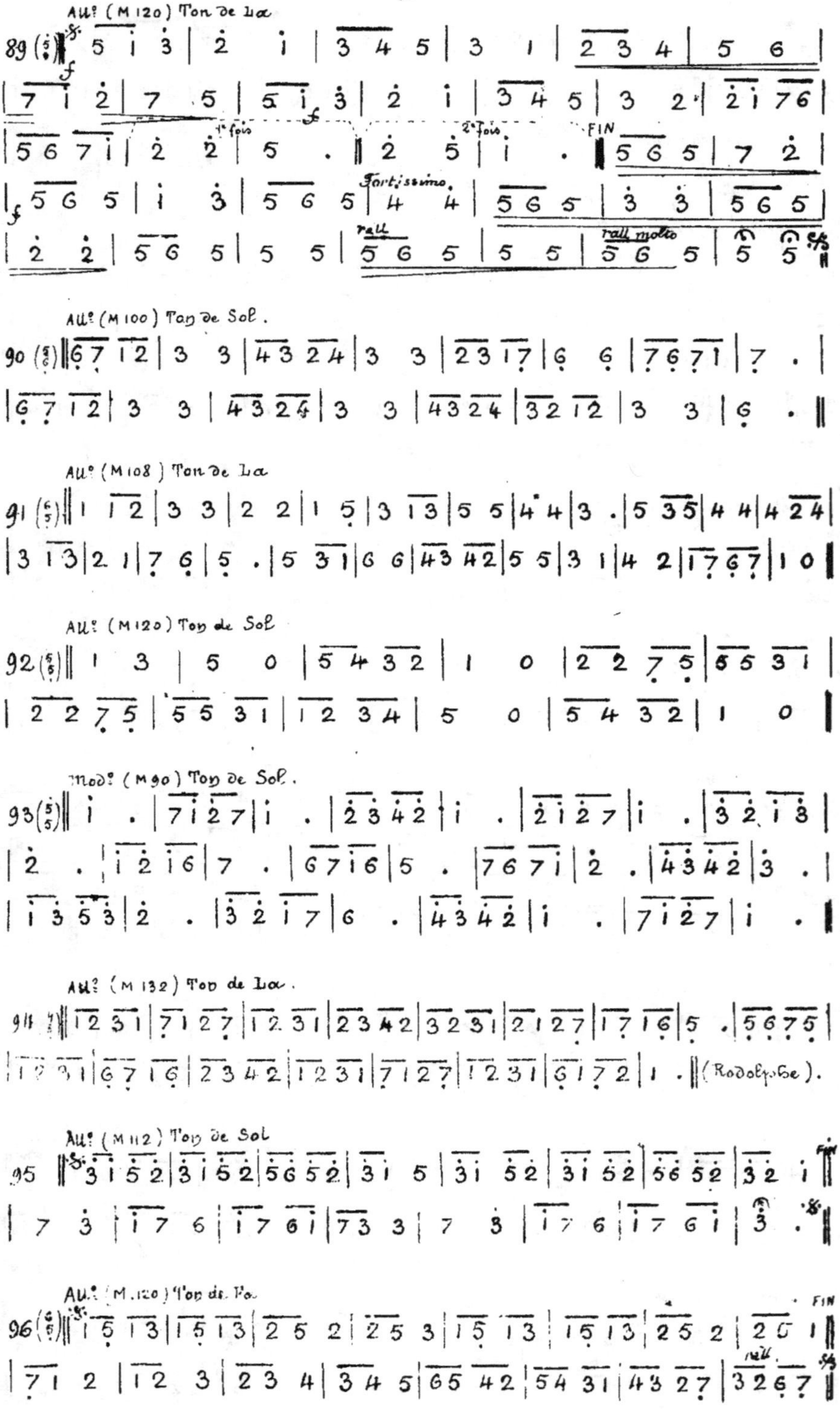

All° (M 120) Ton de La

89 (5/5) ‖ 5 1 3 | 2 1 | 3 4 5 | 3 1 | 2 3 4 | 5 6 |
7 1 2	7 5	5 1 3	2 1	3 4 5	3 2	2 1 7 6
5 6 7 1	2 2 (1ᵉ fois)	5 . ‖ 2 5 (2ᵉ fois)	1 . ‖ FIN 5 6 5	7 2
5 6 5	1 3	5 6 5	Fortissimo 4 4	5 6 5	3 3	5 6 5
2 2	5 6 5	5 5	rall 5 6 5	5 5	rall molto 5 6 5	5 5 ‖

All° (M 100) Ton de Sol.

90 (5/6) ‖ 6 7 1 2 | 3 3 | 4 3 2 4 | 3 3 | 2 3 1 7 | 6 6 | 7 6 7 1 | 7 . |
| 6 7 1 2 | 3 3 | 4 3 2 4 | 3 3 | 4 3 2 4 | 3 2 1 2 | 3 3 | 6 . ‖

All° (M 108) Ton de La

91 (6/5) ‖ 1 1 2 | 3 3 | 2 2 | 1 5 | 3 1 3 | 5 5 | 4 4 | 3 . | 5 3 5 | 4 4 | 4 2 4 |
| 3 1 3 | 2 1 | 7 6 | 5 . | 5 3 1 | 6 6 | 4 3 4 2 | 5 5 | 3 1 | 4 2 | 1 7 6 7 | 1 0 ‖

All° (M 120) Ton de Sol

92 (5/5) ‖ 1 3 | 5 0 | 5 4 3 2 | 1 0 | 2 2 7 5 | 5 5 3 1 |
| 2 2 7 5 | 5 5 3 1 | 1 2 3 4 | 5 0 | 5 4 3 2 | 1 0 ‖

Mod° (M 90) Ton de Sol.

93 (5/5) ‖ 1 . | 7 1 2 7 | 1 . | 2 3 4 2 | 1 . | 2 1 2 7 | 1 . | 3 2 1 3 |
| 2 . | 1 2 1 6 | 7 . | 6 7 1 6 | 5 . | 7 6 7 1 | 2 . | 4 3 4 2 | 3 . |
| 1 3 5 3 | 2 . | 3 2 1 7 | 6 . | 4 3 4 2 | 1 . | 7 1 2 7 | 1 . ‖

All° (M 132) Ton de La.

94 (4/?) ‖ 1 2 3 1 | 7 1 2 7 | 1 2 3 1 | 2 3 4 2 | 3 2 3 1 | 2 1 2 7 | 1 7 1 6 | 5 . | 5 6 7 5 |
| 1 2 3 1 | 6 7 1 6 | 2 3 4 2 | 1 2 3 1 | 7 1 2 7 | 1 2 3 1 | 6 1 7 2 | 1 . ‖ (Rodolphe).

All° (M 112) Ton de Sol

95 ‖ 3 1 5 2 | 3 1 5 2 | 5 6 5 2 | 3 1 5 | 3 1 5 2 | 3 1 5 2 | 5 6 5 2 | 3 2 1 ‖ FIN
| 7 3 | 1 7 6 | 1 7 6 1 | 7 3 3 | 7 3 | 1 7 6 | 1 7 6 1 | 3 . ‖

All° (M 120) Ton de Fa

96 (6/5) ‖ 1 5 1 3 | 1 5 1 3 | 2 5 2 | 2 5 3 | 1 5 1 3 | 1 5 1 3 | 2 5 2 | 2 0 1 ‖ FIN
| 7 1 2 | 1 2 3 | 2 3 4 | 3 4 5 | 6 5 4 2 | 5 4 3 1 | 4 3 2 7 | rall 3 2 6 7 ‖

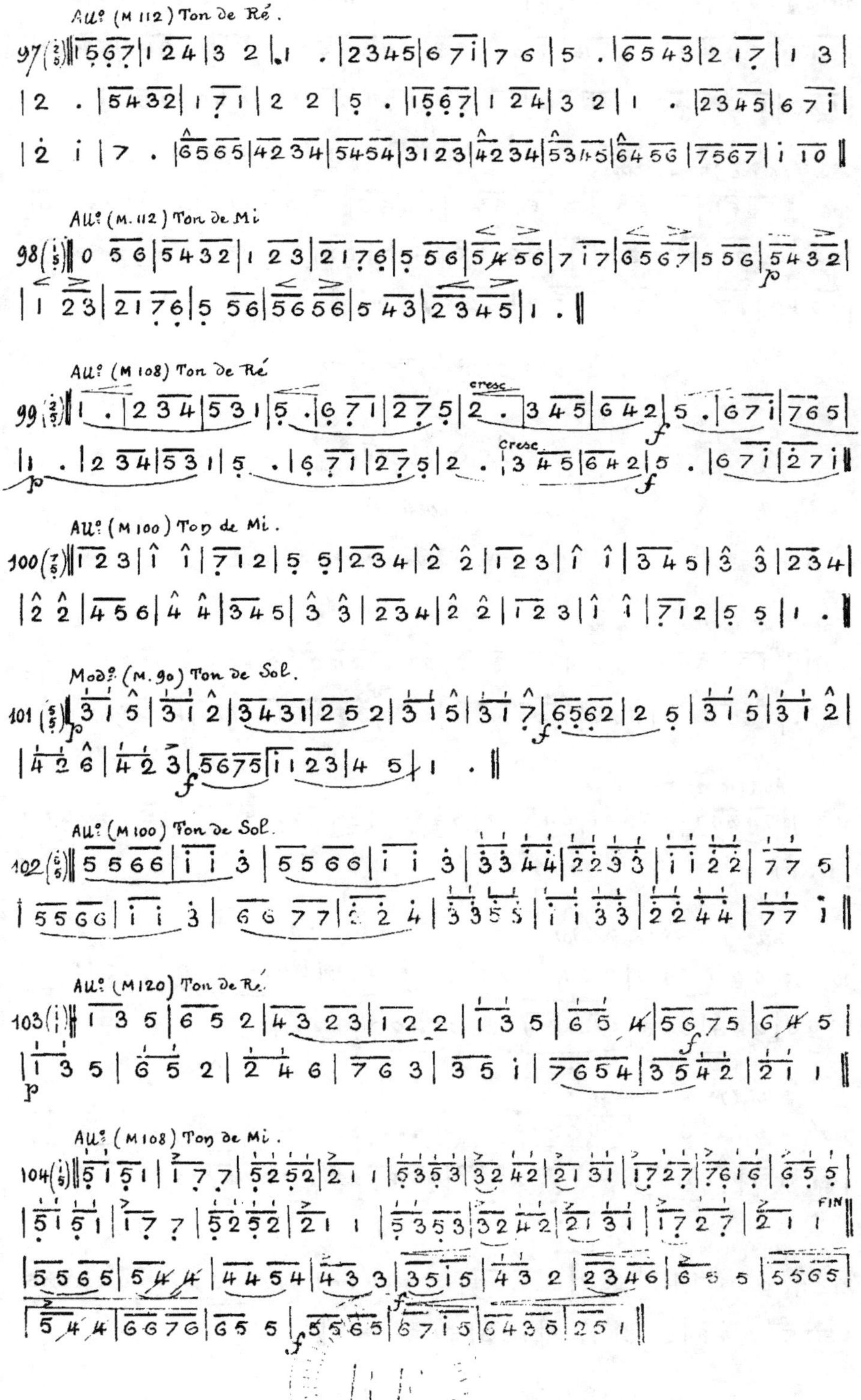

All° (M 112) Ton de Ré.

97 (2/5) ‖ 567 | 1 24 | 3 2 | 1 . | 2345 | 67 1 | 7 6 | 5 . | 6543 | 2 17 | 1 3 |
| 2 . | 5432 | 1 71 | 2 2 | 5 . | 1567 | 1 24 | 3 2 | 1 . | 2345 | 67 1 |
| 2 1 | 7 . | 6565 | 4234 | 5454 | 3123 | 4234 | 5345 | 6456 | 7567 | 1 10 ‖

All° (M. 112) Ton de Mi

98 (1/5) ‖ 0 56 | 5432 | 1 23 | 2176 | 5 56 | 5456 | 7 17 | 6567 | 5 56 | 5432 |
p
| 1 23 | 2176 | 5 56 | 5656 | 5 43 | 2345 | 1 . ‖

All° (M 108) Ton de Ré

99 (2/5) ‖ 1 . | 2 34 | 53 1 | 5 . | 6 71 | 2 75 | 2 . | 3 45 | 6 42 | 5 . | 67 1 | 765 |
cresc. f
| 1 . | 2 34 | 53 1 | 5 . | 6 71 | 2 75 | 2 . | 3 45 | 6 42 | 5 . | 67 1 | 27 1 ‖
p cresc. f

All° (M 100) Ton de Mi.

100 (7/5) ‖ 1 2 3 | 1 1 | 7 1 2 | 5 5 | 2 3 4 | 2 2 | 1 2 3 | 1 1 | 3 4 5 | 3 3 | 2 3 4 |
| 2 2 | 4 5 6 | 4 4 | 3 4 5 | 3 3 | 2 3 4 | 2 2 | 1 2 3 | 1 1 | 7 1 2 | 5 5 | 1 . ‖

Mod° (M. 90) Ton de Sol.

101 (5/5) ‖ 3 1 5 | 3 1 2 | 3431 | 2 5 2 | 3 1 5 | 3 1 7 | 6562 | 2 5 | 3 1 5 | 3 1 2 |
p f
| 4 2 6 | 4 2 3 | 5675 | 1 1 23 | 4 5 | 1 . ‖
f

All° (M 100) Ton de Sol.

102 (6/5) ‖ 5566 | 1 1 3 | 5566 | 1 1 3 | 3344 | 2233 | 1 1 22 | 77 5 |
| 5566 | 1 1 3 | 6677 | 2 2 4 | 3355 | 1 1 33 | 2244 | 77 1 ‖

All° (M 120) Ton de Ré

103 (1/1) ‖ 1 3 5 | 6 5 2 | 43 23 | 1 2 2 | 1 3 5 | 6 5 4 | 56 75 | 6 4 5 |
f
| 1 3 5 | 6 5 2 | 2 4 6 | 7 6 3 | 3 5 1 | 7654 | 3542 | 2 1 1 ‖
p

All° (M 108) Ton de Mi.

104 (1/5) ‖ 5151 | 1 7 7 | 5252 | 2 1 1 | 5353 | 3242 | 2131 | 1727 | 7616 | 6 5 5 |
| 5151 | 1 7 7 | 5252 | 2 1 1 | 5353 | 3242 | 2131 | 1727 | 2 1 1 ‖ FIN
| 5565 | 5 4 4 | 4454 | 4 3 3 | 3515 | 4 3 2 | 2346 | 6 5 5 | 5565 |
f
| 5 4 4 | 6676 | 65 5 | 5565 | 6715 | 6435 | 251 ‖
f

All° . Ton de Ré .

105 (i/6) ‖ 31 6 | 31 6 | 23 42 | 17 12 | 31 6 | 31 6 | 27 34 | 54 54 | 31 6 |
| 31 6 | 23 42 | 12 34 | 5 3 1 | 5 3 1 | 43 25 | 2 1 | 31 6 | 24 3 | 54 32 |
| 17 6 | 5 3 1 | 46 5 | 76 54 | 32 34 | 5 3 1 | 46 i | 64 35 | 25 1 ‖

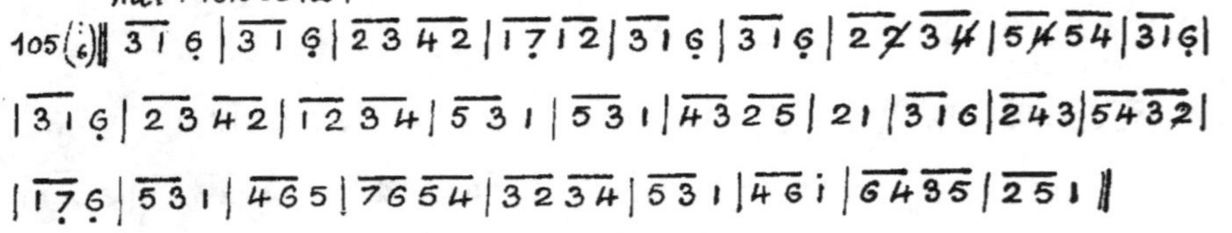

(M 100) Ton d'Ut.

106 ‖ 56 65 | 56 65 | 17 76 | 65 5 | 56 65 | 56 65 | i7 i2 | i 7 | 67 76 |
| 67 76 | 2i i7 | 76 6 | 6 X X 6 | 6 X X 6 | 2i 23 | 2 . | 56 65 | 56 65 |
| i7 i2 | i 7 7 | i 7 7 | i 7 7 | 65 62 | 2 i ‖

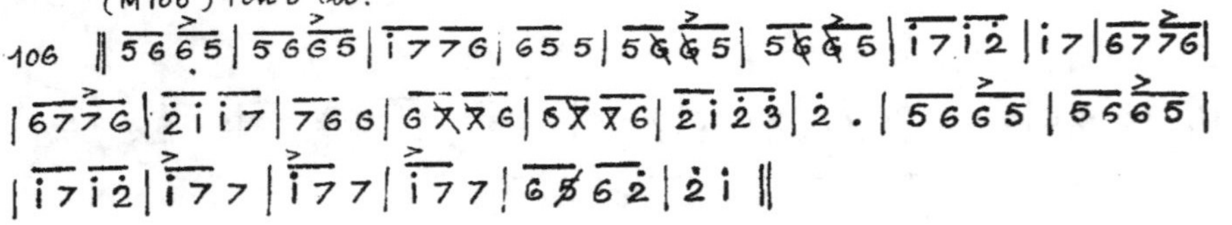

2e Partie

Section B. – Airs à 3 temps.

Étude des Coupes précédentes

All° (M 120) Ton de Ré.

107 (i/i) ‖ *p* 13 13 13 | 5 . . | 13 13 13 | 2 . . | *Cresc...* 24 24 24 | 6 . . | 76 7i 76 |
| 5 . . | *p* 13 13 13 | 5 . . | *Cresc...* 24 24 24 | 6 . . | *f* 35 35 35 | i . . | *ff* 43 23 45 | 1 . . ‖

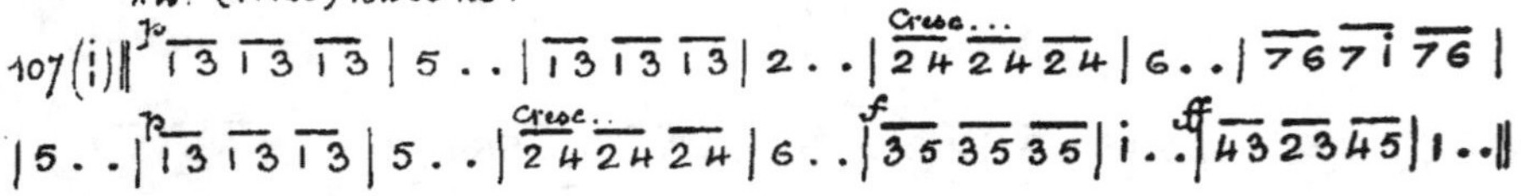

All° (M. 120) Ton de Ré.

108 (i/i) ‖ 54 35 i | 54 35 i | 54 36 2 | 54 36 2 | 54 35 i | 54 35 i | 54 35 25 |
| 1 . . ‖

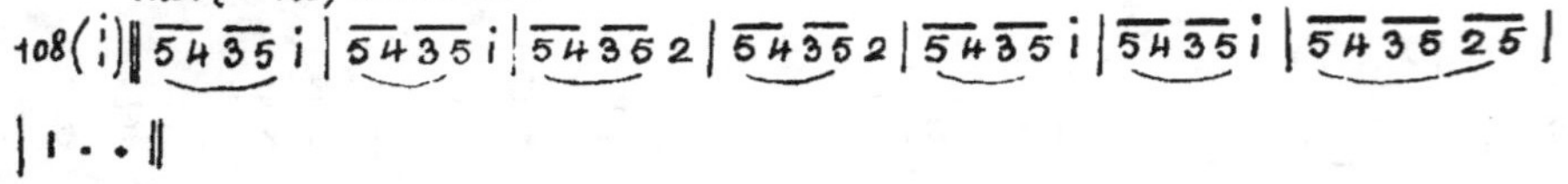

All° (M. 144) Ton de Sol.

109 ‖ *p* 0 0 5 | 1 1 3 | 2 2 4 | 7 7 2 | 1 . 5 | 1 1 3 | 2 2 4 | 7 7 2 | 1 . 3 | *cresc.* 2 5 3 |
| 2 5 3 | 2 4 3 | 2 . 5 | 1 12 34 | 5 3 1 | 4 2 7 | 1 . . ‖

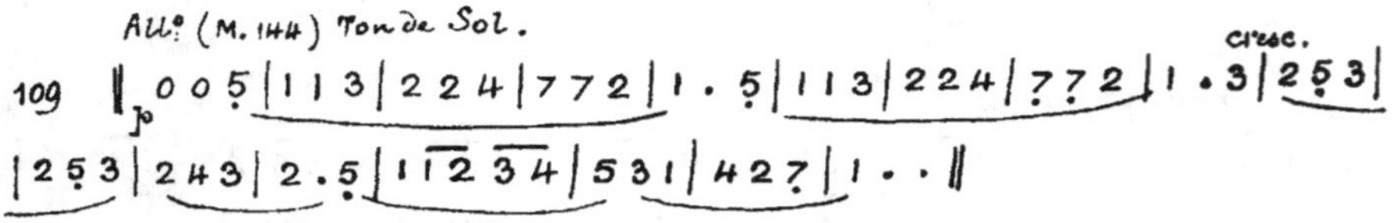

All° (M. 144) Ton de Mi.

110 (i/5) ‖ 5 . . | 3 . 1 | 65 67 i6 | 5 . . | 5 . . | 3 . 1 | 21 23 42 | 1 . . | 51 31 31 |
| 51 31 31 | 51 31 31 | 4 . 2 | 57 27 27 | 57 27 27 | 57 27 27 | 2 . 1 ‖

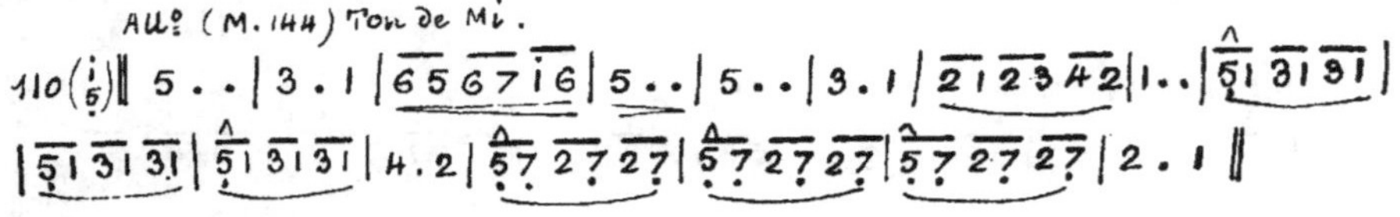

All° (M. 144) Ton de La.

111 (i/i) ‖ 0 0 5 *f* | i i i | 5 5 5 | 3 12 34 | 5 . 5 *p* | 4 2 5 | 3 1 5 | i 6 4 | 5 . 0 5 | 2 7 5 |
| 3 i 5 | 4 4 3 | 2 . 5 | *f* 5 6 7 | i 5 3 | 5 4 2 | 1 . . ‖

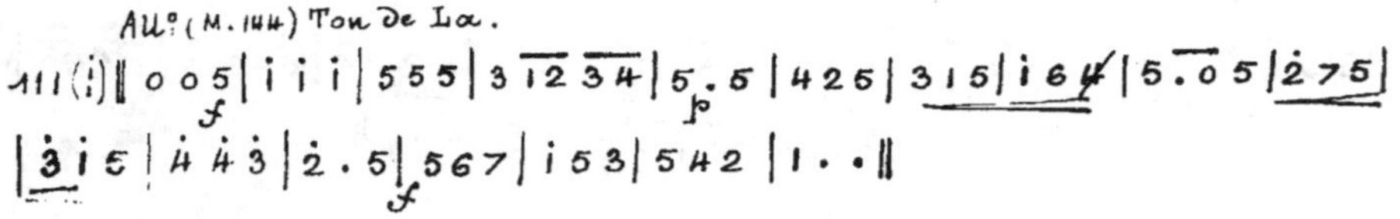

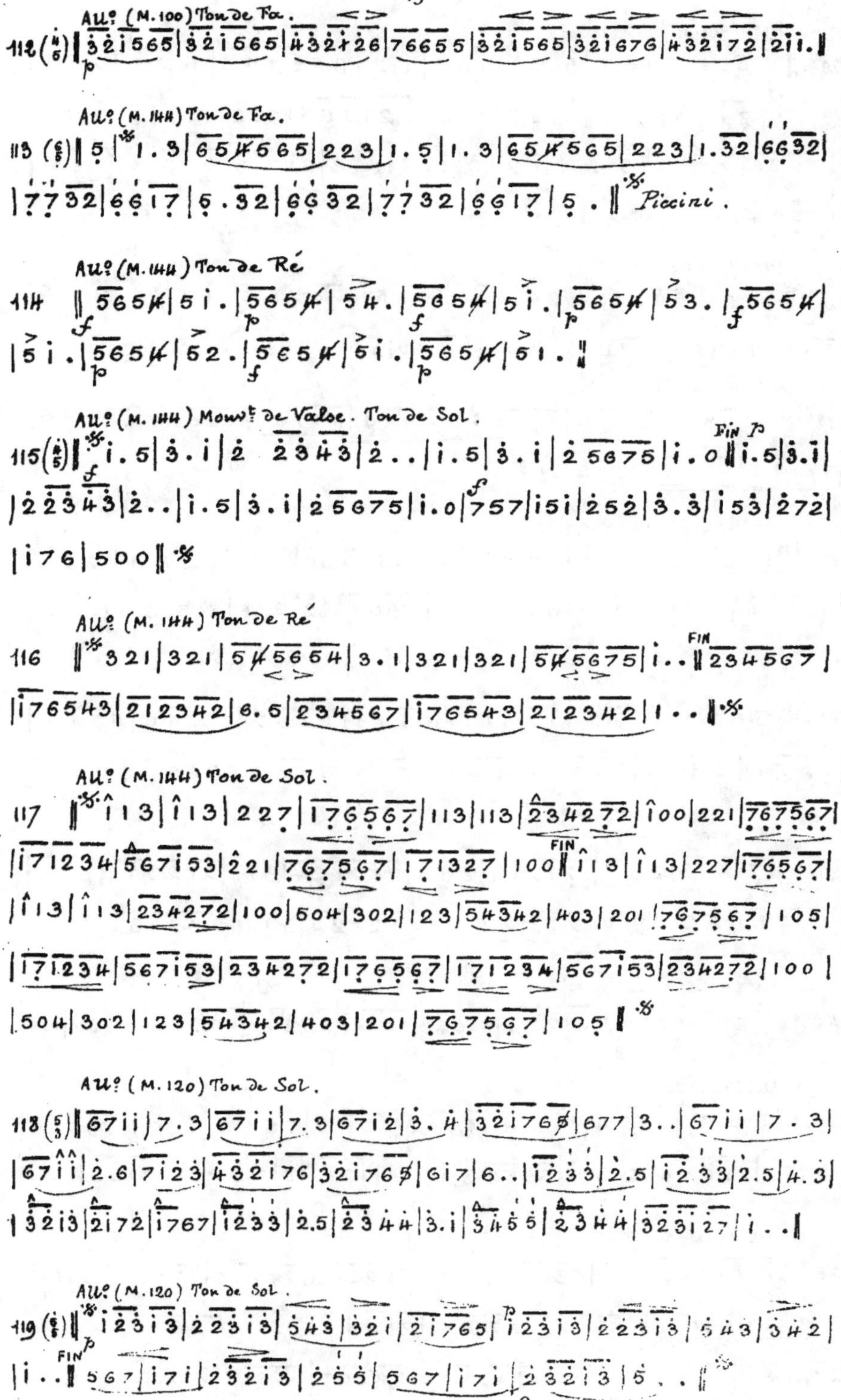

All° (M. 100) Ton de Fa.

112 (4/8) ‖ 321565 | 321565 | 432126 | 76655 | 321565 | 321676 | 432172 | 211. ‖
p

All° (M. 144) Ton de Fa.

113 (6/8) ‖ 5 | 𝄋 1 . 3 | 65♯4565 | 223 | 1 . 5 | 1 . 3 | 65♯4565 | 223 | 1 . 32 | 6632 |
| 7732 | 6617 | 5 . 32 | 6632 | 7732 | 6617 | 5 . ‖ 𝄋 Piccini.

All° (M. 144) Ton de Ré

114 ‖ 565♯4 | 5 1 . | 565♯4 | 5 4 . | 565♯4 | 5 1 . | 565♯4 | 5 3 . | 565♯4 |
| 5 1 . | 565♯4 | 5 2 . | 565♯4 | 5 1 . | 565♯4 | 5 1 . ‖

All° (M. 144) Mouvᵗ de Valse. Ton de Sol.

115 (3/8) ‖ 𝄋 1 . 5 | 3 . 1 | 2 2343 | 2 . . | 1 . 5 | 3 . 1 | 2 5675 | 1 . 0 ‖ FIN p 1 . 5 | 3 . 1 |
| 22343 | 2 . . | 1 . 5 | 3 . 1 | 25675 | 1 . 0 | 757 | 151 | 252 | 3 . 3 | 153 | 272 |
| 176 | 500 ‖ 𝄋

All° (M. 144) Ton de Ré

116 ‖ 𝄋 321 | 321 | 5♯45654 | 3 . 1 | 321 | 321 | 5♯45675 | 1 . . ‖ FIN 234567 |
| 176543 | 212342 | 6 . 5 | 234567 | 176543 | 212342 | 1 . . ‖ 𝄋

All° (M. 144) Ton de Sol.

117 ‖ 𝄋 113 | 113 | 227 | 176567 | 113 | 113 | 234272 | 100 | 221 | 767567 |
171234	567153	221	767567	171327	100 ‖ FIN 113	113	227	176567
113	113	234272	100	504	302	123	54342	403	201	767567	105
171234	567153	234272	176567	171234	567153	234272	100
504	302	123	54342	403	201	767567	105 ‖ 𝄋

All° (M. 120) Ton de Sol.

118 (3/8) ‖ 6711 | 7 . 3 | 6711 | 7 . 3 | 6712 | 3 . 4 | 321765 | 677 | 3 . . | 6711 | 7 . 3 |
| 6711 | 2 . 6 | 7123 | 432176 | 321765 | 617 | 6 . . | 1233 | 2 . 5 | 1233 | 2 . 5 | 4 . 3 |
| 3213 | 2172 | 1767 | 1233 | 2 . 5 | 2344 | 3 . 1 | 3455 | 2344 | 323127 | 1 . . ‖

All° (M. 120) Ton de Sol.

119 (6/8) ‖ 𝄋 12313 | 22313 | 543 | 321 | 21765 | p 12313 | 22313 | 543 | 342 |
| 1 . . ‖ FIN p 567 | 171 | 23213 | 255 | 567 | 171 | 23213 | 5 . . ‖ 𝄋
f

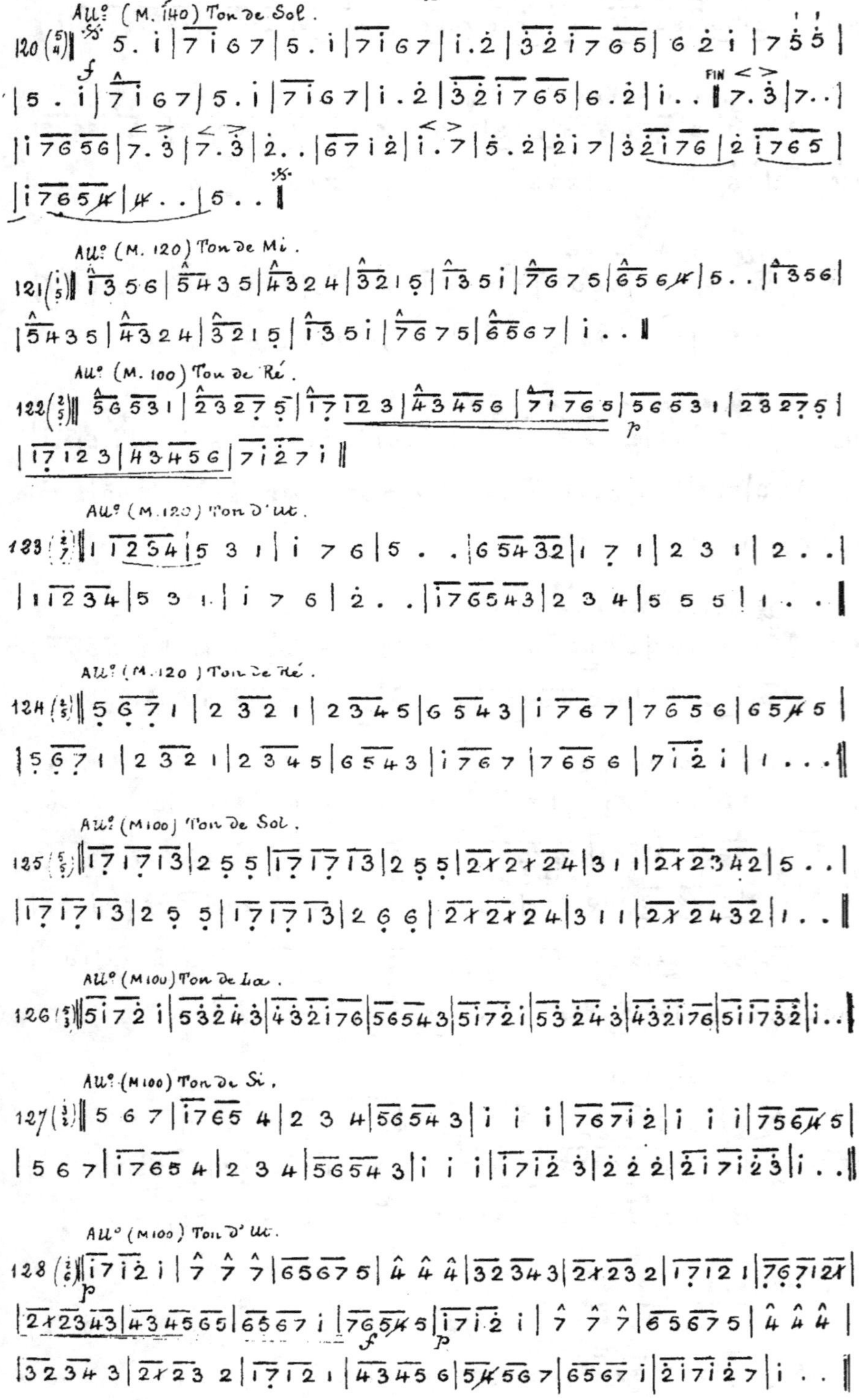

All° (M. 140) Ton de Sol.

120 (5/4) ‖ 𝄋 5 . i | 7 i 6 7 | 5 . i | 7 i 6 7 | i . 2 | 3 2 i 7 6 5 | 6 2 i | 7 5 5 |

f | 5 . i | 7 i 6 7 | 5 . i | 7 i 6 7 | i . 2 | 3 2 i 7 6 5 | 6 . 2 | i . . ‖ FIN < > 7 . 3 | 7 . . |

| i 7 6 5 6 | < > 7 . 3 | < > 7 . 3 | 2 . . | 6 7 i 2 | < > i . 7 | 5 . 2 | 2 i 7 | 3 2 i 7 6 | 2 i 7 6 5 |

| i 7 6 5 4 | 4 . . | 5 . . ‖ 𝄋

All° (M. 120) Ton de Mi.

121 (1/5) ‖ i 3 5 6 | 5 4 3 5 | 4 3 2 4 | 3 2 1 5 | i 3 5 i | 7 6 7 5 | 6 5 6 4 | 5 . . | i 3 5 6 |

| 5 4 3 5 | 4 3 2 4 | 3 2 1 5 | i 3 5 i | 7 6 7 5 | 6 5 6 7 | i . . ‖

All° (M. 100) Ton de Ré.

122 (2/5) ‖ 5 6 5 3 1 | 2 3 2 7 5 | 1 7 1 2 3 | 4 3 4 5 6 | 7 i 7 6 5 | 5 6 5 3 1 | 2 3 2 7 5 |

p | 1 7 1 2 3 | 4 3 4 5 6 | 7 i 2 7 i ‖

All° (M. 120) Ton d'Ut.

123 (2/7) ‖ 1 1 2 3 4 | 5 3 1 | i 7 6 | 5 . . | 6 5 4 3 2 | 1 7 1 | 2 3 1 | 2 . . |

| 1 1 2 3 4 | 5 3 1 | i 7 6 | 2 . . | i 7 6 5 4 3 | 2 3 4 | 5 5 5 | 1 . . ‖

All° (M. 120) Ton de Ré.

124 (2/5) ‖ 5 6 7 1 | 2 3 2 1 | 2 3 4 5 | 6 5 4 3 | i 7 6 7 | 7 6 5 6 | 6 5 4 5 |

| 5 6 7 1 | 2 3 2 1 | 2 3 4 5 | 6 5 4 3 | i 7 6 7 | 7 6 5 6 | 7 i 2 i | 1 . . . ‖

All° (M 100) Ton de Sol.

125 (5/5) ‖ 1 7 1 7 1 3 | 2 5 5 | 1 7 1 7 1 3 | 2 5 5 | 2 x 2 x 2 4 | 3 1 1 | 2 x 2 3 4 2 | 5 . . |

| 1 7 1 7 1 3 | 2 5 5 | 1 7 1 7 1 3 | 2 6 6 | 2 x 2 x 2 4 | 3 1 1 | 2 x 2 4 3 2 | 1 . . ‖

All° (M 100) Ton de La.

126 (5/3) ‖ 5 i 7 2 i | 5 3 2 4 3 | 4 3 2 i 7 6 | 5 6 5 4 3 | 5 i 7 2 i | 5 3 2 4 3 | 4 3 2 i 7 6 | 5 i i 7 3 2 | i . . ‖

All° (M 100) Ton de Si.

127 (1/2) ‖ 5 6 7 | i 7 6 5 4 | 2 3 4 | 5 6 5 4 3 | i i i | 7 6 7 i 2 | i i i | 7 5 6 4 5 |

| 5 6 7 | i 7 6 5 4 | 2 3 4 | 5 6 5 4 3 | i i i | i 7 i 2 3 | 2 2 2 | 2 i 7 i 2 3 | i . . ‖

All° (M 100) Ton d'Ut.

128 (2/6) ‖ p i 7 i 2 i | 7 7 7 | 6 5 6 7 5 | 4 4 4 | 3 2 3 4 3 | 2 x 2 3 2 | 1 7 1 2 1 | 7 6 7 1 2 x |

| 2 x 2 3 4 3 | 4 3 4 5 6 5 | 6 5 6 7 i | 7 6 5 4 5 f | p i 7 i 2 i | 7 7 7 | 6 5 6 7 5 | 4 4 4 |

| 3 2 3 4 3 | 2 x 2 3 2 | 1 7 1 2 1 | 4 3 4 5 6 | 5 4 5 6 7 | 6 5 6 7 i | 2 i 7 i 2 7 | i . . ‖

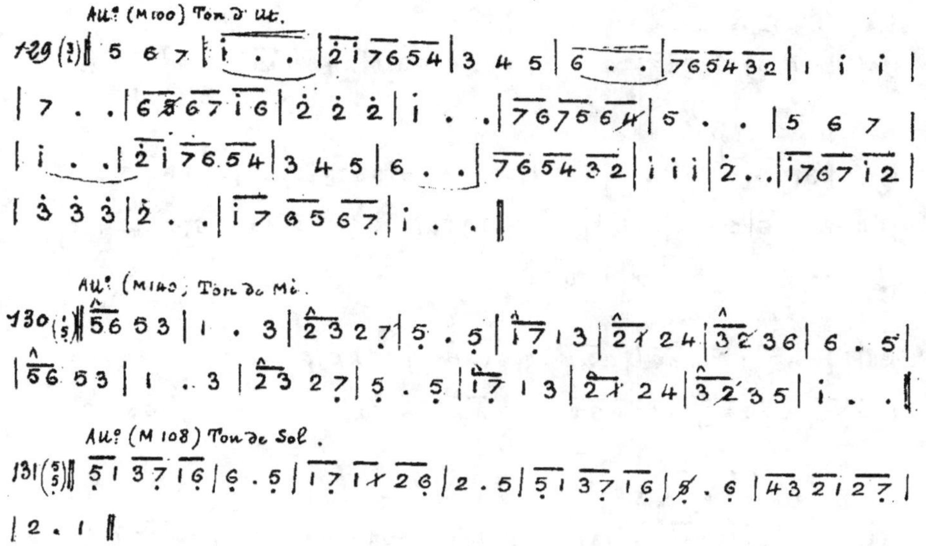

All° (M 100) Ton d'Ut.

129 (3/1) ‖ 5 6 7 | i . . | 2 i 7 6 5 4 | 3 4 5 | 6 . . | 7 6 5 4 3 2 | i i i | 7 . . | 6 5 6 7 i 6 | 2 2 2 | i . . | 7 6 7 5 6 4 | 5 . . | 5 6 7 | i . . | 2 i 7 6 5 4 | 3 4 5 | 6 . . | 7 6 5 4 3 2 | i i i | 2 . . | i 7 6 7 i 2 | 3 3 3 | 2 . . | i 7 6 5 6 7 | i . . ‖

All° (M 140) Ton de Mi.

130 (1/5) ‖ 5 6 5 3 | 1 . 3 | 2 3 2 7 | 5 . 5 | 1 7 1 3 | 2 1 2 4 | 3 2 3 6 | 6 . 5 | 5 6 5 3 | 1 . 3 | 2 3 2 7 | 5 . 5 | 1 7 1 3 | 2 1 2 4 | 3 2 3 5 | i . . ‖

All° (M 108) Ton de Sol.

131 (5/5) ‖ 5 1 3 7 1 6 | 6 . 5 | 1 7 1 1 2 6 | 2 . 5 | 5 1 3 7 1 6 | 6 . 6 | 4 3 2 1 2 7 | 2 . 1 ‖

2e Partie. Section C. Airs à 4 temps.

Étude des Coupes précédentes.

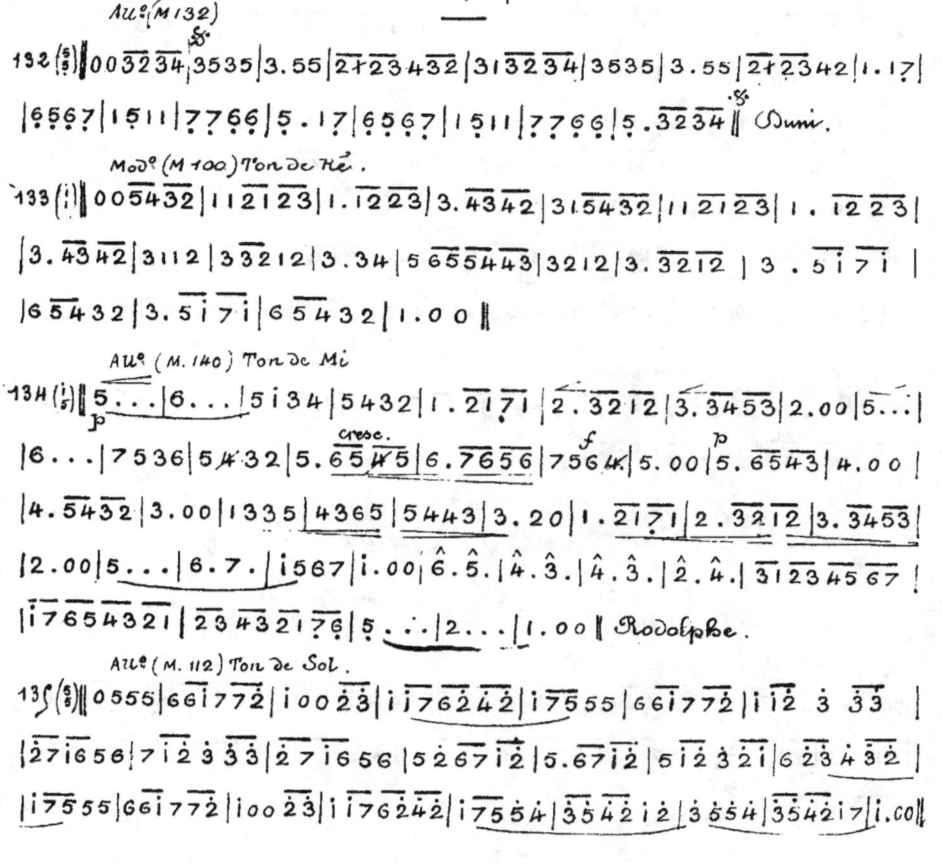

All° (M 132)

132 (5/5) ‖ 0 0 3 2 3 4 | 3 5 3 5 | 3 . 5 5 | 2 1 2 3 4 3 2 | 3 1 3 2 3 4 | 3 5 3 5 | 3 . 5 5 | 2 1 2 3 4 2 | 1 . 1 7 | 6 5 6 7 | 1 5 1 1 | 7 7 6 6 | 5 . 1 7 | 6 5 6 7 | 1 5 1 1 | 7 7 6 6 | 5 . 3 2 3 4 ‖ Duni.

Mod° (M 100) Ton de Ré.

133 (1/1) ‖ 0 0 5 4 3 2 | 1 1 2 1 2 3 | 1 . 1 2 2 3 | 3 . 4 3 4 2 | 3 1 5 4 3 2 | 1 1 2 1 2 3 | 1 . 1 2 2 3 | 3 . 4 3 4 2 | 3 1 1 2 | 3 3 2 1 2 | 3 . 3 4 | 5 6 5 5 4 4 3 | 3 2 1 2 | 3 . 3 2 1 2 | 3 . 5 i 7 i | 6 5 4 3 2 | 3 . 5 i 7 i | 6 5 4 3 2 | 1 . 0 0 ‖

All° (M. 140) Ton de Mi

134 (1/5) ‖ 5 . . . | 6 . . . | 5 i 3 4 | 5 4 3 2 | 1 . 2 1 7 1 | 2 . 3 2 1 2 | 3 . 3 4 5 3 | 2 . 0 0 | 5 . . . | 6 . . . | 7 5 3 6 | 5 4 3 2 | 5 . 6 5 4 5 | 6 . 7 6 5 6 | 7 5 6 4 | 5 . 0 0 | 5 . 6 5 4 3 | 4 . 0 0 | 4 . 5 4 3 2 | 3 . 0 0 | 1 3 3 5 | 4 3 6 5 | 5 4 4 3 | 3 . 2 0 | 1 . 2 1 7 1 | 2 . 3 2 1 2 | 3 . 3 4 5 3 | 2 . 0 0 | 5 . . . | 6 . 7 . | i 5 6 7 | i . 0 0 | 6 . 5 . | 4 . 3 . | 4 . 3 . | 2 . 4 . | 3 1 2 3 4 5 6 7 | i 7 6 5 4 3 2 1 | 2 3 4 3 2 1 7 6 | 5 . . . | 2 . . . | 1 . 0 0 ‖ Rodolphe.

p — cresc. — f — p

All° (M. 112) Ton de Sol.

135 (5/5) ‖ 0 5 5 5 | 6 6 i 7 7 2 | i 0 0 2 3 | i i 7 6 2 4 2 | i 7 5 5 5 | 6 6 i 7 7 2 | i i 2 3 3 3 | 2 7 i 6 5 6 | 7 i 2 3 3 3 | 2 7 i 6 5 6 | 5 2 6 7 i 2 | 5 . 6 7 i 2 | 5 i 2 3 2 i | 6 2 3 4 3 2 | i 7 5 5 5 | 6 6 i 7 7 2 | i 0 0 2 3 | i i 7 6 2 4 2 | i 7 5 5 4 | 3 5 4 2 i 2 | 3 5 5 4 | 3 5 4 2 i 7 | i . 0 0 ‖

And^te (M.88) Ton de Fa.

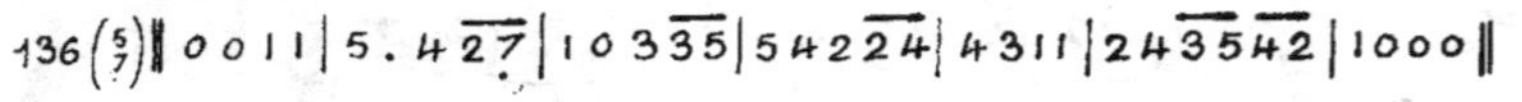

136 (5/7) ‖ 0011 | 5.427 | 10335 | 54224 | 4311 | 2435542 | 1000 ‖

Mod^o (M.100) Ton de Si

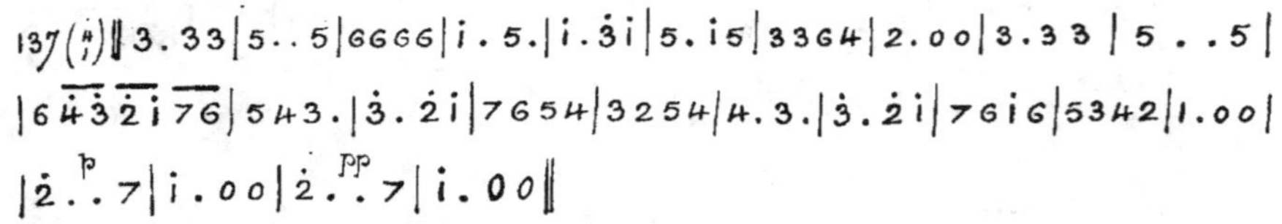

137 (4/1) ‖ 3.33 | 5..5 | 6666 | i.5. | i.3i | 5.i5 | 3364 | 2.00 | 3.33 | 5..5 |
| 6432i76 | 543. | 3.2i | 7654 | 3254 | 4.3. | 3.2i | 76i6 | 5342 | 1.00 |
| 2..7 (p) | i.00 | 2..7 (pp) | i.00 ‖

Mod^o (M.100) Ton de Ré

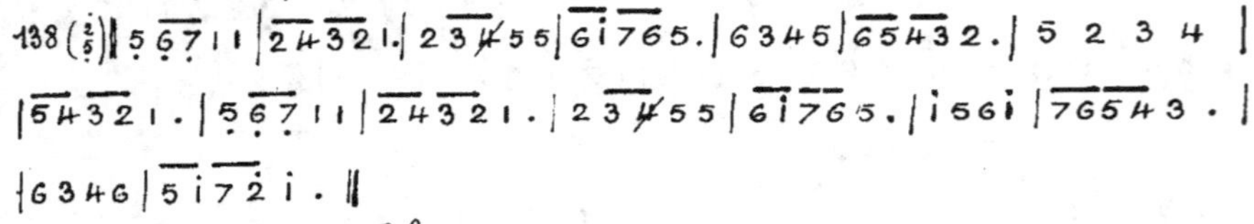

138 (2/5) ‖ 56711 | 24321. | 23♯455 | 6i765. | 6345 | 65432. | 5 2 3 4 |
| 54321. | 56711 | 24321. | 23♯455 | 6i765. | i56i | 76543. |
| 6346 | 5i72i. ‖

All^o (M.112) Ton de Sol.

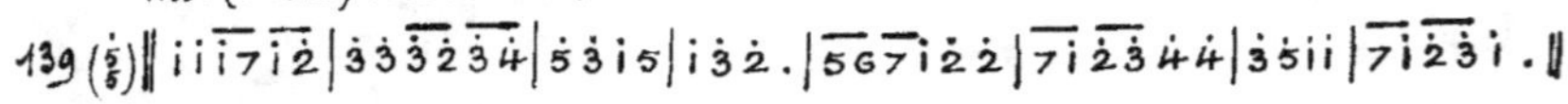

139 (5/5) ‖ ii17i2 | 333234 | 53i5 | i32. | 567i22 | 7i2344 | 35ii | 7i23i. ‖

And^te (M.92) Ton de Mi♭.

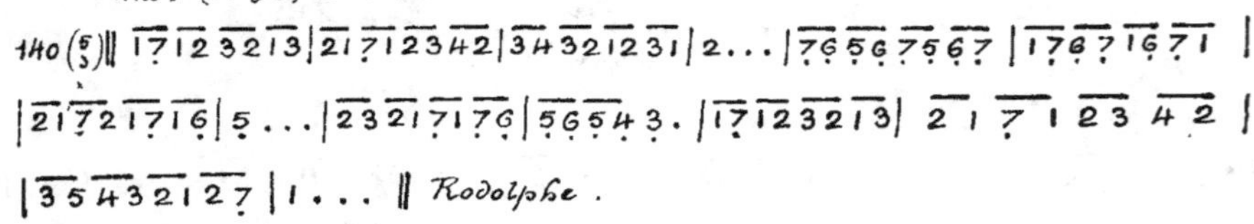

140 (5/3) ‖ 17123213 | 21712342 | 34321231 | 2... | 76567567 | 1767 1671 |
| 21721716 | 5... | 23217176 | 56543. | 17123213 | 2 1 7 1 2 3 4 2 |
| 35432127 | 1... ‖ Rodolphe.

Mod^o (M. 100) Ton de Ré.

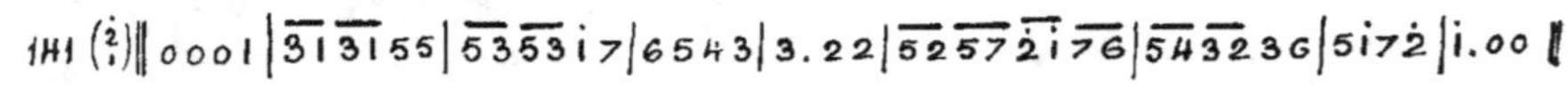

141 (2/1) ‖ 0001 | 313155 | 53531 7 | 6543 | 3.22 | 52572i76 | 543236 | 5i72 | i.00 ‖

Mod^o (M.100) Ton de Sol.

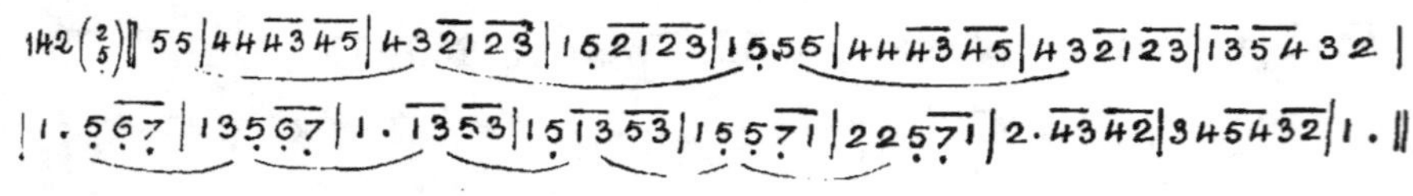

142 (2/5) ‖ 55 | 444345 | 432123 | 152123 | 1555 | 444345 | 432123 | 135432 |
| 1.567 | 13567 | 1.1353 | 151353 | 15571 | 22571 | 2.4342 | 345432 | 1. ‖

All^o (M. 116) Ton de Sol.

143 (6/5) ‖ i5 | i7i232 | 432i76 | 567i256♯4 | 5.34 | 543235 | 23432i |
| 25i7i234 | 5.654 | 3542i7 | i..0 ‖

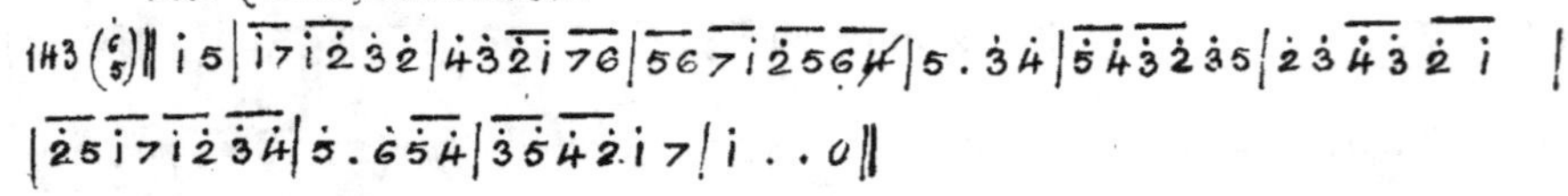

3e Partie. — Section A. — Airs à 2 temps.

Étude de la Coupe [.5 / à té] et des précédentes

All^o (M. 120) Ton de La.

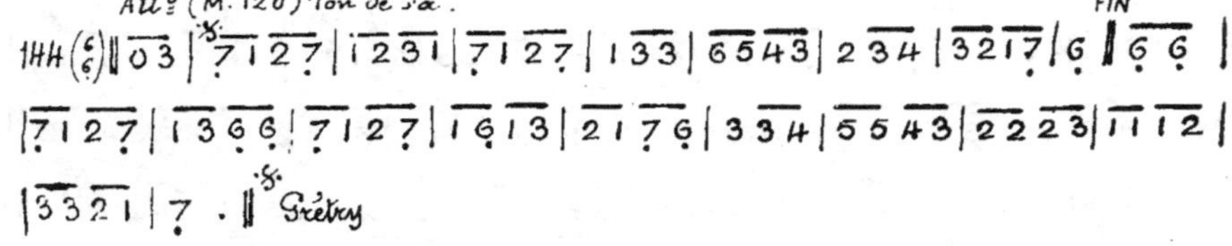

144 (6/6) ‖ 03 | 𝄋 7127 | i231 | 7127 | 133 | 6543 | 234 | 3217 | 6 (FIN) ‖ 66 |
| 7127 | 1366 | 7127 | 1613 | 2176 | 334 | 5543 | 2223 | 1112 |
| 3321 | 7. ‖ 𝄋 Grétry

All° (M. 120) Ton de Ré.

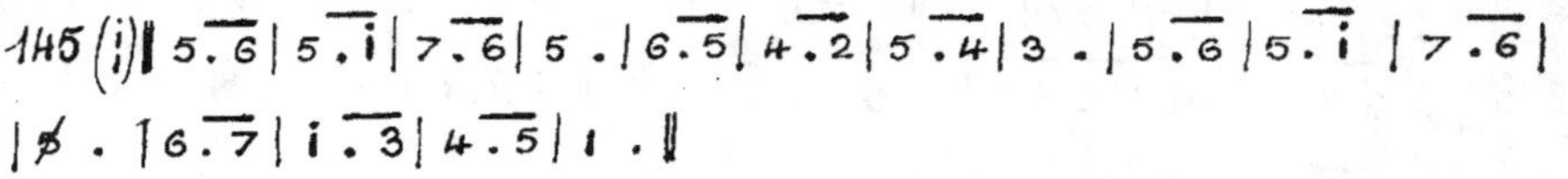

145 (1/1) ‖ 5 . 6 | 5 . 1 | 7 . 6 | 5 . | 6 . 5 | 4 . 2 | 5 . 4 | 3 . | 5 . 6 | 5 . 1 | 7 . 6 |
| 6 . | 6 . 7 | 1 . 3 | 4 . 5 | 1 . ‖

(M. 120) Ton de Fa.

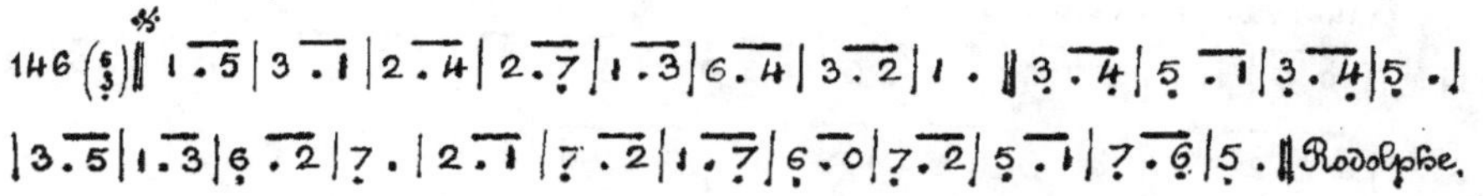

146 (6/3) ‖ 1 . 5 | 3 . 1 | 2 . 4 | 2 . 7 | 1 . 3 | 6 . 4 | 3 . 2 | 1 . ‖ 3 . 4 | 5 . 1 | 3 . 4 | 5 . |
| 3 . 5 | 1 . 3 | 6 . 2 | 7 . | 2 . 1 | 7 . 2 | 1 . 7 | 6 . 0 | 7 . 2 | 5 . 1 | 7 . 6 | 5 . ‖ Rodolphe.

(M. 120) Ton de Fa.

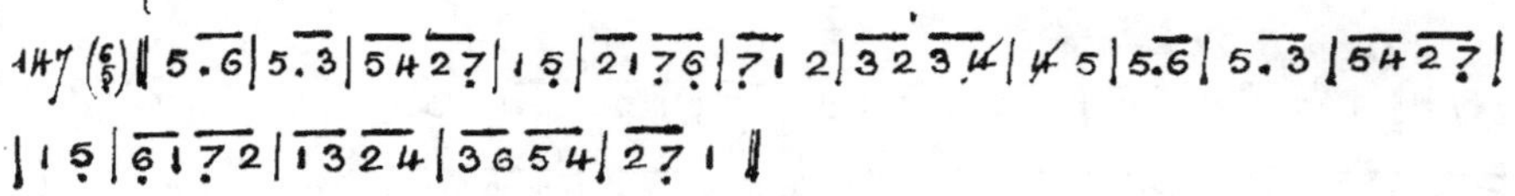

147 (6/5) ‖ 5 . 6 | 5 . 3 | 5 4 2 7 | 1 5 | 2 1 7 6 | 7 1 2 | 3 2 3 4 | 4 5 | 5 . 6 | 5 . 3 | 5 4 2 7 |
| 1 5 | 6 1 7 2 | 1 3 2 4 | 3 6 5 4 | 2 7 1 ‖

(M. 144) Ton de Ré.

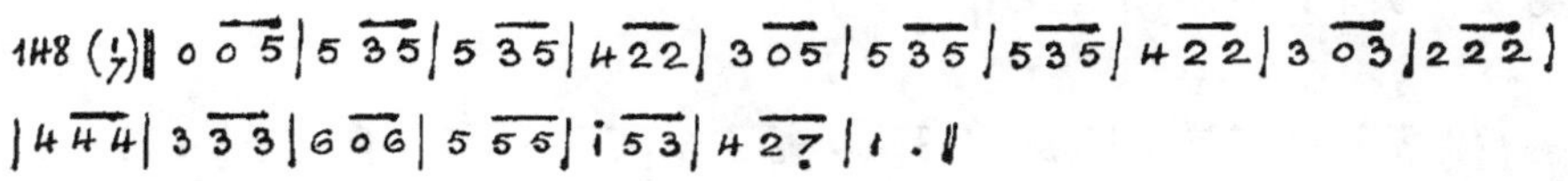

148 (1/7) ‖ 0 0 5 | 5 3 5 | 5 3 5 | 4 2 2 | 3 0 5 | 5 3 5 | 5 3 5 | 4 2 2 | 3 0 3 | 2 2 2 |
| 4 4 4 | 3 3 3 | 6 0 6 | 5 5 5 | 1 5 3 | 4 2 7 | 1 . ‖

(M. 120) Ton de Ré.

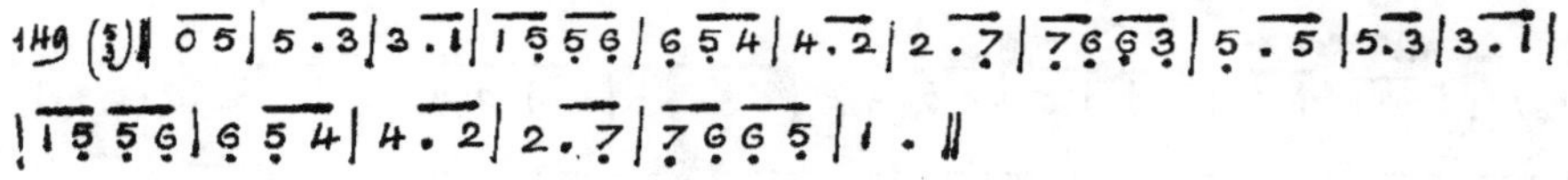

149 (5/3) ‖ 0 5 | 5 . 3 | 3 . 1 | 1 5 5 6 | 6 5 4 | 4 . 2 | 2 . 7 | 7 6 6 3 | 5 . 5 | 5 . 3 | 3 . 1 |
| 1 5 5 6 | 6 5 4 | 4 . 2 | 2 . 7 | 7 6 6 5 | 1 . ‖

(M. 120) Ton de Ré.

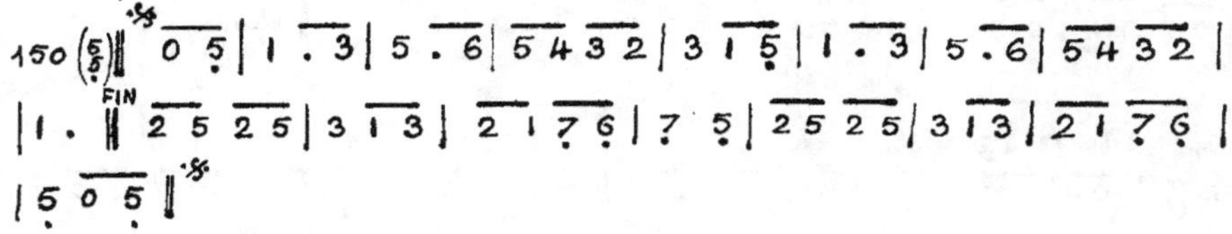

150 (5/5) ‖ 0 5 | 1 . 3 | 5 . 6 | 5 4 3 2 | 3 1 5 | 1 . 3 | 5 . 6 | 5 4 3 2 |
| 1 . ‖ FIN 2 5 2 5 | 3 1 3 | 2 1 7 6 | 7 5 | 2 5 2 5 | 3 1 3 | 2 1 7 6 |
| 5 0 5 ‖

(M. 100) Ton de Fa.

151 (6/5) ‖ 0 5 | 1 2 3 4 | 5 . 6 | 5 4 3 2 | 1 . 3 | 2 6 6 2 | 2 . 3 | 2 6 6 2 |
| 5 0 5 | 1 2 3 4 | 5 . 6 | 5 4 3 2 | 1 . 3 | 2 6 6 2 | 2 . 3 | 2 5 5 1 |
| 1 . ‖

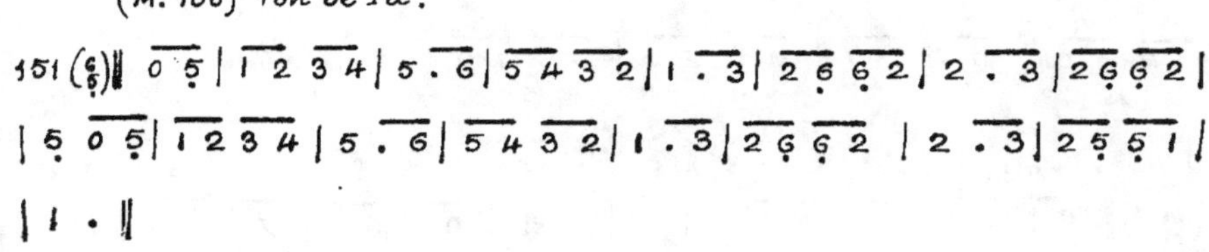

(M. 100) Ton de Fa.

152 (6/5) ‖ 0 5 1 | 1 7 7 6 | 6 5 1 2 | 3 4 | 2 3 4 | 5 4 3 2 | 1 . 3 | 2 6 |
| 2 5 1 | 1 7 7 6 | 6 5 1 2 | 3 4 | 5 6 5 | 4 2 5 4 | 3 1 4 3 | 2 X 2 4 |
| 3 2 | 1 . ‖

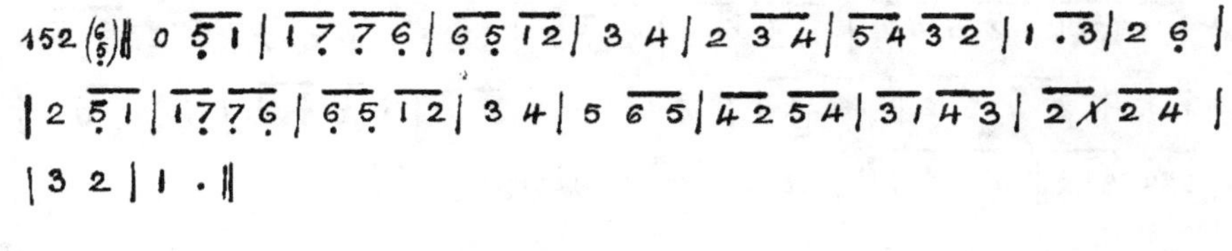

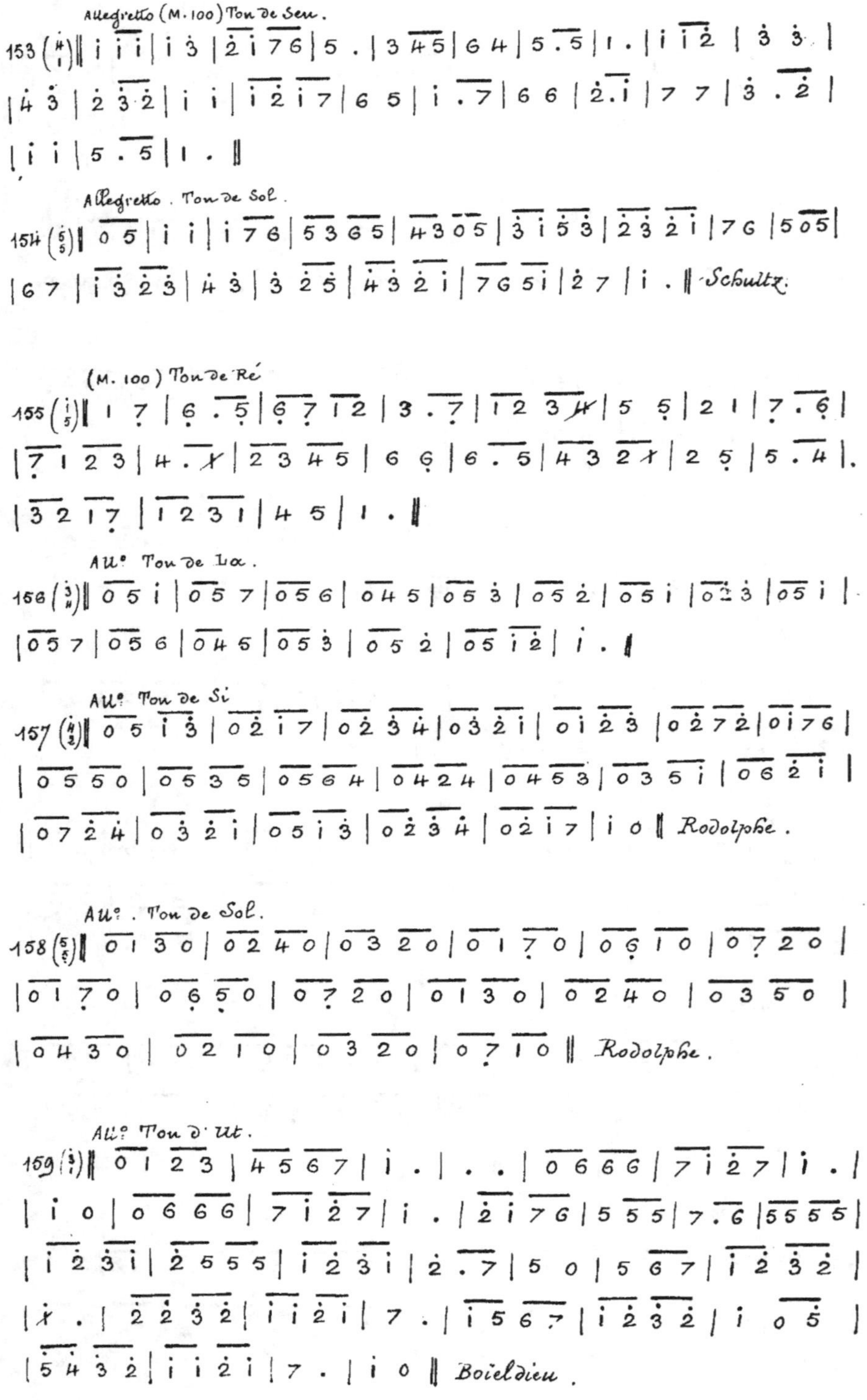

Allegretto (M. 100) Ton de Sen.

153 (4/1) ‖ 1 1 1 | 1 3 | 2 1 7 6 | 5 . | 3 4 5 | 6 4 | 5 . 5 | 1 . | 1 1 2 | 3 3 |
| 4 3 | 2 3 2 | 1 1 | 1 2 1 7 | 6 5 | 1 . 7 | 6 6 | 2 . 1 | 7 7 | 3 . 2 |
| 1 1 | 5 . 5 | 1 . ‖

Allegretto. Ton de Sol.

154 (5/5) ‖ 0 5 | 1 1 | 1 7 6 | 5 3 6 5 | 4 3 0 5 | 3 1 5 3 | 2 3 2 1 | 7 6 | 5 0 5 |
| 6 7 | 1 3 2 3 | 4 3 | 3 2 5 | 4 3 2 1 | 7 6 5 1 | 2 7 | 1 . ‖ Schultz.

(M. 100) Ton de Ré

155 (1/5) ‖ 1 7 | 6 . 5 | 6 7 1 2 | 3 . 7 | 1 2 3 4 | 5 5 | 2 1 | 7 . 6 |
| 7 1 2 3 | 4 . 4 | 2 3 4 5 | 6 6 | 6 . 5 | 4 3 2 4 | 2 5 | 5 . 4 |.
| 3 2 1 7 | 1 2 3 1 | 4 5 | 1 . ‖

All° Ton de La.

156 (3/4) ‖ 0 5 1 | 0 5 7 | 0 5 6 | 0 4 5 | 0 5 3 | 0 5 2 | 0 5 1 | 0 2 3 | 0 5 1 |
| 0 5 7 | 0 5 6 | 0 4 5 | 0 5 3 | 0 5 2 | 0 5 1 2 | 1 . ‖

All° Ton de Si

157 (4/3) ‖ 0 5 1 3 | 0 2 1 7 | 0 2 3 4 | 0 3 2 1 | 0 1 2 3 | 0 2 7 2 | 0 1 7 6 |
| 0 5 5 0 | 0 5 3 5 | 0 5 6 4 | 0 4 2 4 | 0 4 5 3 | 0 3 5 1 | 0 6 2 1 |
| 0 7 2 4 | 0 3 2 1 | 0 5 1 3 | 0 2 3 4 | 0 2 1 7 | 1 0 ‖ Rodolphe.

All°. Ton de Sol.

158 (5/5) ‖ 0 1 3 0 | 0 2 4 0 | 0 3 2 0 | 0 1 7 0 | 0 6 1 0 | 0 7 2 0 |
| 0 1 7 0 | 0 6 5 0 | 0 7 2 0 | 0 1 3 0 | 0 2 4 0 | 0 3 5 0 |
| 0 4 3 0 | 0 2 1 0 | 0 3 2 0 | 0 7 1 0 ‖ Rodolphe.

All° Ton d'Ut.

159 (3/1) ‖ 0 1 2 3 | 4 5 6 7 | 1 . | . . | 0 6 6 6 | 7 1 2 7 | 1 . |
1 0	0 6 6 6	7 1 2 7	1 .	2 1 7 6	5 5 5	7 . 6	5 5 5 5
1 2 3 1	2 5 5 5	1 2 3 1	2 . 7	5 0	5 6 7	1 2 3 2
1 .	2 2 3 2	1 1 2 1	7 .	1 5 6 7	1 2 3 2	1 0 5
5 4 3 2	1 1 2 1	7 .	1 0 ‖ Boieldieu.

Vivace (M. 180) Ton de Mu.

160 (i/6) ‖ 0 5 | 𝄋 i 5 4 | 3 2 1 | 5 1 2 3 | 1 5 5 | i 7 6 | 7 6 5 | 6 5 4 |
| 5 5 6 7 | i 5 4 | 3 2 1 | 5 1 2 3 | 1 5 5 | i 7 6 | 7 6 5 | 6 7 |
| i ‖ FIN 0 3 | 6 3 2 | 1 2 4 | 3 2 1 | 7 0 3 | 6 3 2 | 1 2 4 | 3 3 | 6 6 |
| 6 6 | 6 0 5 ‖ 𝄋

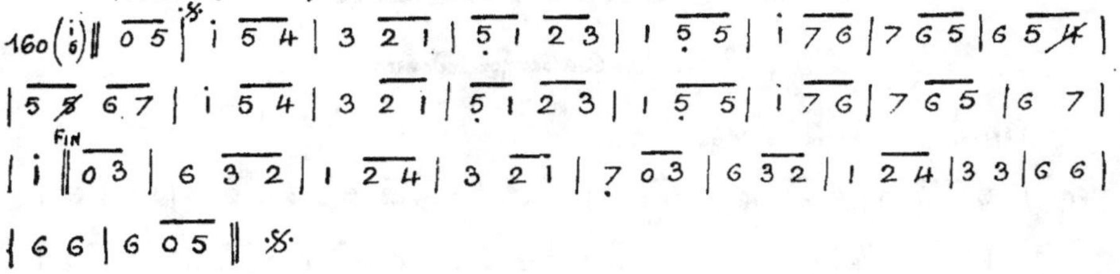

All° Ton de Fé.

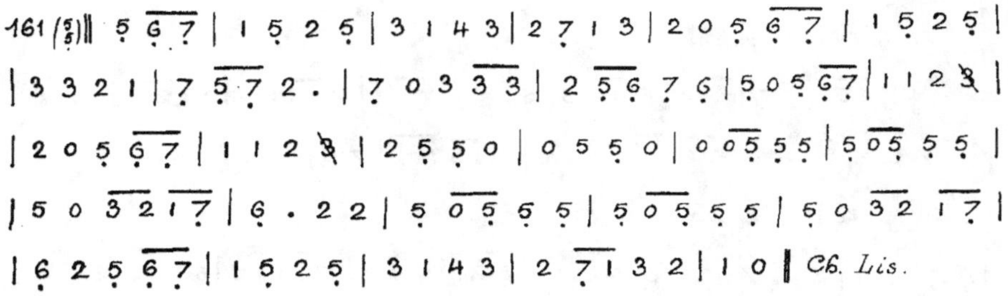

161 (5/5) ‖ 5 6 7 | 1 5 2 5 | 3 1 4 3 | 2 7 1 3 | 2 0 5 6 7 | 1 5 2 5 |
3 3 2 1	7 5 7 2 .	7 0 3 3 3	2 5 6 7 6	5 0 5 6 7	1 1 2 3
2 0 5 6 7	1 1 2 3	2 5 5 0	0 5 5 0	0 0 5 5 5	5 0 5 5 5
5 0 3 2 1 7	6 . 2 2	5 0 5 5 5	5 0 5 5 5	6 0 3 2 1 7
6 2 5 6 7	1 5 2 5	3 1 4 3	2 7 1 3 2	1 0 ‖ *Ch. Lis.*

Moderato. Ton de Mi.

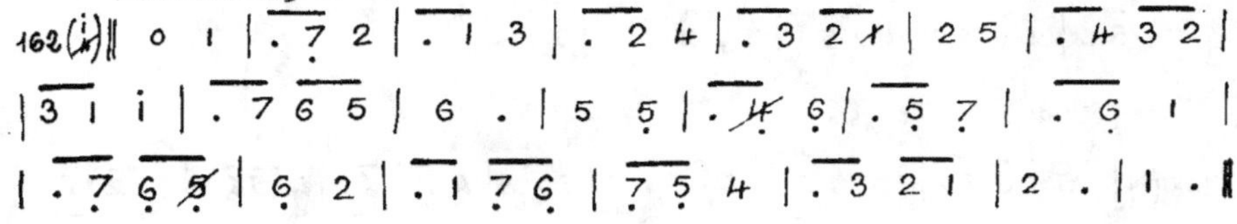

162 (i/4) ‖ 0 1 | . 7 2 | . 1 3 | . 2 4 | . 3 2 1 | 2 5 | . 4 3 2 |
| 3 1 i | . 7 6 5 | 6 . | 5 5 | . 4 6 | . 5 7 | . 6 1 |
| . 7 6 5 | 6 2 | . 1 7 6 | 7 5 4 | . 3 2 1 | 2 . | 1 . ‖

Moderato. Ton de Fa.

163 (6/5) ‖ 1 1 | . 7 6 5 | ' 2 2 | . 1 7 6 | ' 4 4 | . 6 2 4 |
| ' 3 3 | . 5 1 3 | 2 4 6 1 | 7 2 5 | ' 1 i | . 7 6 5 | ' 2 2 |
| . 1 7 6 | 3 ' 3 | . 2 1 7 | 4 6 2 4 | 3 5 1 3 | 2 4 7 2 |
| 1 . ‖

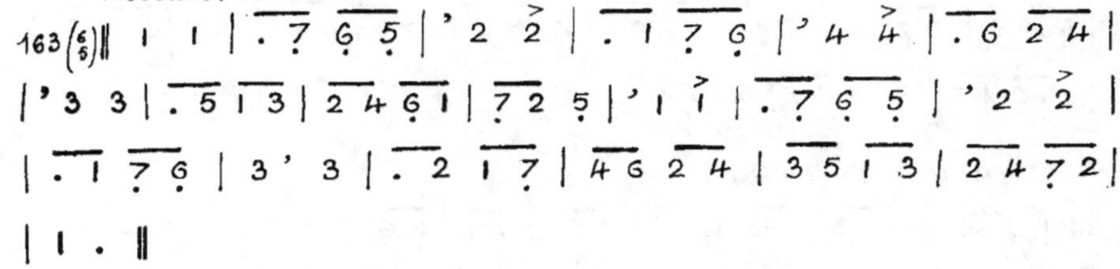

Moderato. Ton d'Ut.

164 (3/1) ‖ 1 i | . 7 6 | 5 6 | . 5 4 3 | 4 3 2 1 | 2 2 | . 1 7 6 | 7 6 5 4 |
| 5 4 | 3 2 | 1 i | . 7 6 | 5 6 | 2 2 | . i 7 | 6 7 | 3 3 | . 2 i 7 |
| 6 5 4 3 | 4 2 3 4 | 5 . | 1 . ‖

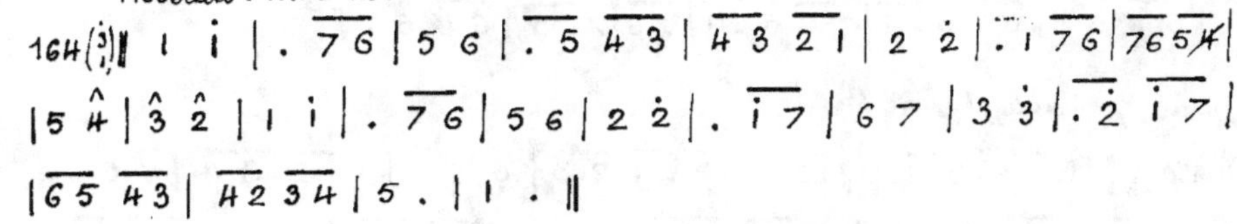

Section B. – Airs à 3 temps.

Etude des Coupes précédentes.

All.° (M. 120) Ton de Mi.

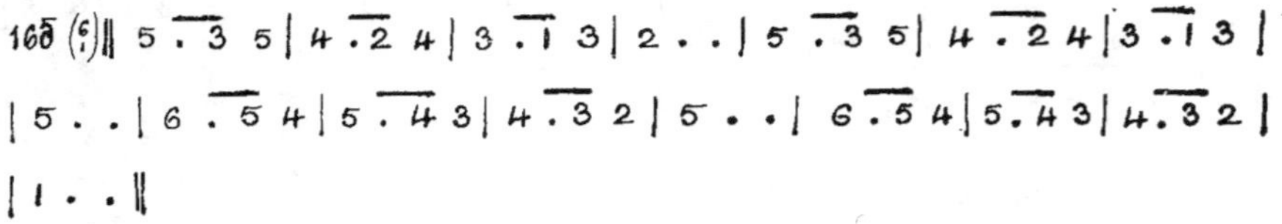

165 (6/1) ‖ 5 . 3 5 | 4 . 2 4 | 3 . 1 3 | 2 . . | 5 . 3 5 | 4 . 2 4 | 3 . 1 3 |
| 5 . . | 6 . 5 4 | 5 . 4 3 | 4 . 3 2 | 5 . . | 6 . 5 4 | 5 . 4 3 | 4 . 3 2 |
| 1 . . ‖

(M. 120) Ton de Si

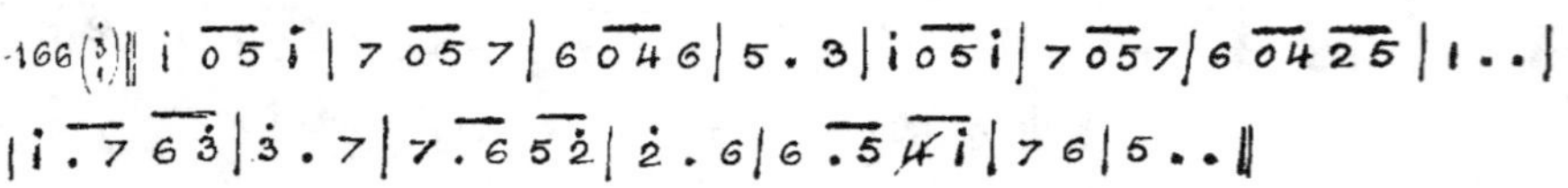

166 (3/1) ‖ i 0 5 i | 7 0 5 7 | 6 0 4 6 | 5 . 3 | i 0 5 i | 7 0 5 7 | 6 0 4 2 5 | 1 . . |
| i . 7 6 3 | 3 . 7 | 7 . 6 5 2 | 2 . 6 | 6 . 5 ♯4 i | 7 6 | 5 . . ‖

(M. 120) Ton de La.

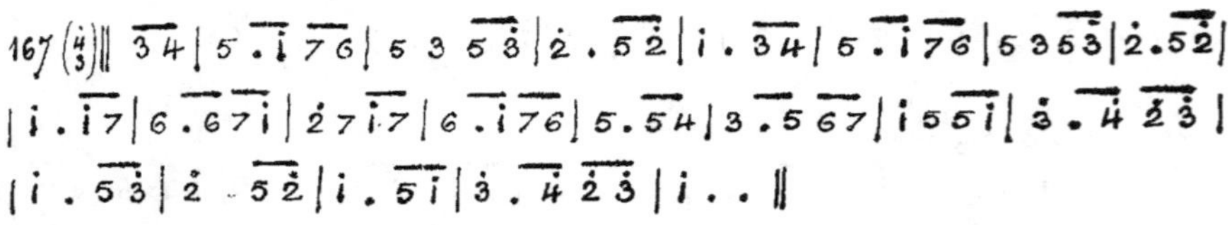

167 (4/3) ‖ 3 4 | 5 . i 7 6 | 5 3 5 3 | 2 . 5 2 | i . 3 4 | 5 . i 7 6 | 5 3 5 3 | 2 . 5 2 |
| i . i 7 | 6 . 6 7 i | 2 7 i 7 | 6 . i 7 6 | 5 . 5 4 | 3 . 5 6 7 | i 5 5 i | 3 . 4 2 3 |
| i . 5 3 | 2 . 5 2 | i . 5 i | 3 . 4 2 3 | i . . ‖

(M. 100) Ton de Si.

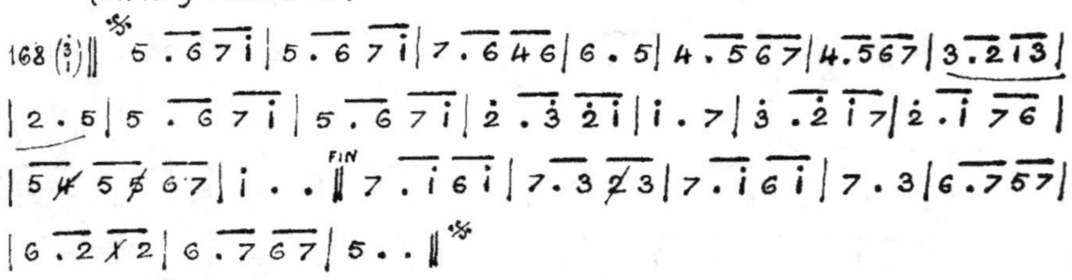

168 (3/1) ‖ 𝄋 5 . 6 7 i | 5 . 6 7 i | 7 . 6 4 6 | 6 . 5 | 4 . 5 6 7 | 4 . 5 6 7 | 3 . 2 1 3 |
| 2 . 5 | 5 . 6 7 i | 5 . 6 7 i | 2 . 3 2 i | i . 7 | 3 . 2 i 7 | 2 . i 7 6 |
| 5 ♯4 5 ♭6 6 7 | i . . ‖ FIN 7 . i 6 i | 7 . 3 ♭2 3 | 7 . i 6 i | 7 . 3 | 6 . 7 5 7 |
| 6 . 2 ✕2 2 | 6 . 7 6 7 | 5 . . ‖ 𝄋

(M. 100) Ton de Ré.

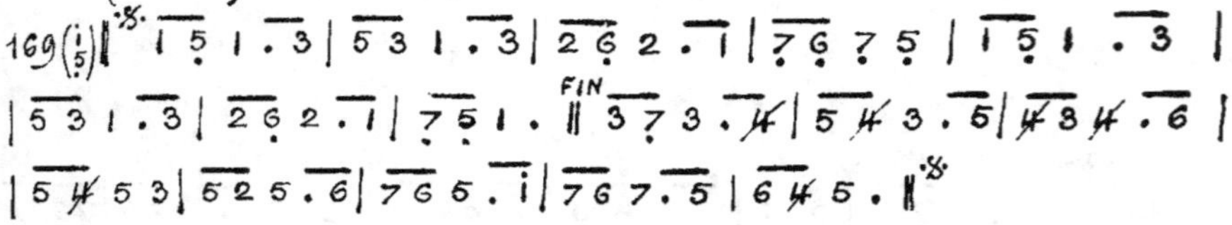

169 (1/5) ‖ 𝄋 1 5 1 . 3 | 5 3 1 . 3 | 2 6 2 . 1 | 7 6 7 5 | 1 5 1 . 3 |
| 5 3 1 . 3 | 2 6 2 . 1 | 7 5 1 . ‖ FIN 3 7 3 . ♯4 | 5 ♯4 3 . 5 | ♯4 3 ♯4 . 6 |
| 5 ♯4 5 3 | 5 2 5 . 6 | 7 6 5 . i | 7 6 7 . 5 | 6 ♯4 5 . ‖ 𝄋

(M. 100) Ton de Meu.

170 (1/3) ‖ 1 . 2 3 4 | 7 6 . | 7 . 1 2 3 | 6 5 . | 1 . 2 3 4 | 6 5 . |
| 2 . 3 5 2 | 3 . 1 | 3 . 5 ♯4 5 | 3 7 . | 1 . 7 6 1 | 7 3 . | 3 . 5 ♯4 5 |
| 3 7 . | 6 . 7 i 2 | 6 . 5 | 1 . 2 3 4 | 7 6 . | 7 . 1 2 3 | 6 5 . |
| 1 . 2 3 4 | 6 5 . | 2 . 3 4 6 | 2 1 . ‖

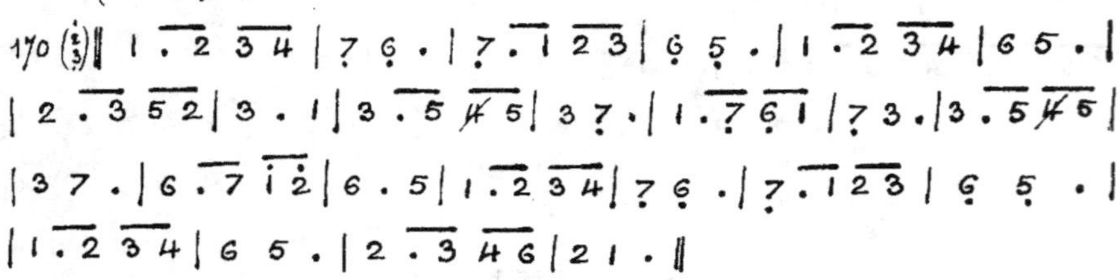

And^te (M. 90) Ton de Sol.

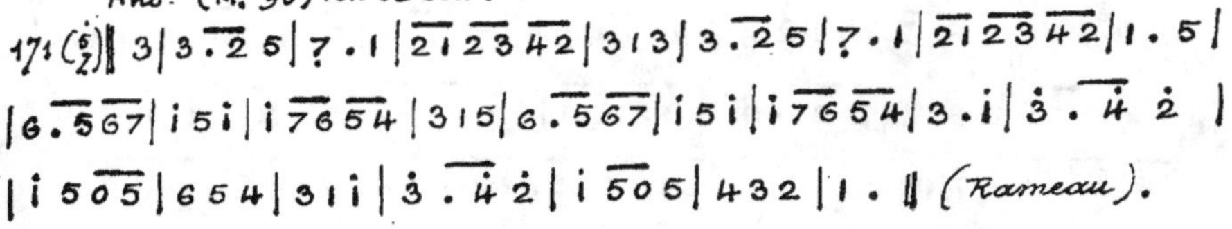

171 (6/2) ‖ 3 | 3 . 2 5 | 7 . 1 | 2 1 2 3 4 2 | 3 1 3 | 3 . 2 5 | 7 . 1 | 2 1 2 3 4 2 | 1 . 5 |
| 6 . 5 6 7 | i 5 i | i 7 6 5 4 | 3 1 5 | 6 . 5 6 7 | i 5 i | i 7 6 5 4 | 3 . i | 3 . 4 2 |
| i 5 0 5 | 6 5 4 | 3 1 i | 3 . 4 2 | i 5 0 5 | 4 3 2 | 1 . ‖ (Rameau).

All^o (M. 120) Ton d'Ut.

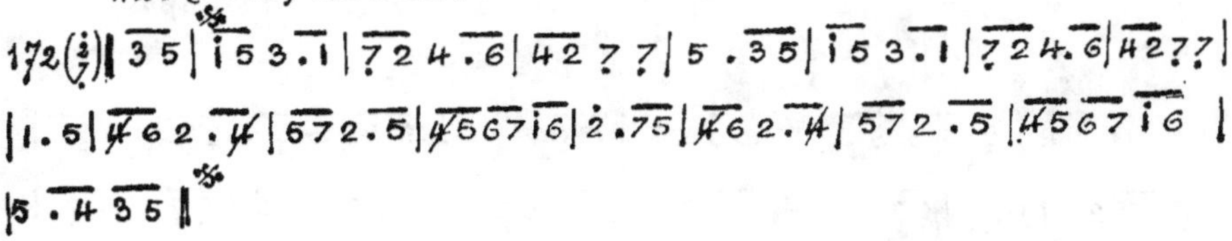

172 (3/7) ‖ 3 5 | i 5 3 . i | 7 2 4 . 6 | 4 2 7 7 | 5 . 3 5 | i 5 3 . i | 7 2 4 . 6 | 4 2 7 7 |
| 1 . 5 | #4 6 2 . #4 | 5 7 2 . 5 | #4 5 6 7 i 6 | 2 . 7 5 | #4 6 2 . #4 | 5 7 2 . 5 | #4 5 6 7 i 6 |
| 5 . 4 3 5 ‖

All^o (M. 120) Ton de Fa.

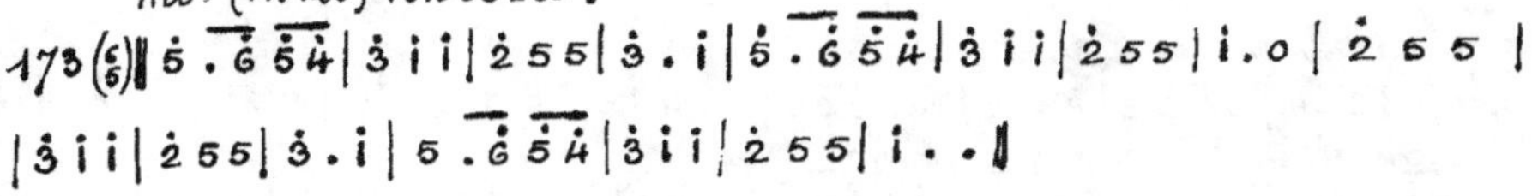

173 (6/6) ‖ 5 . 6 5 4 | 3 i i | 2 5 5 | 3 . i | 5 . 6 5 4 | 3 i i | 2 5 5 | i . 0 | 2 5 5 |
| 3 i i | 2 5 5 | 3 . i | 5 . 6 5 4 | 3 i i | 2 5 5 | i . . ‖

Andantino (M. 88) Ton de Fa . .

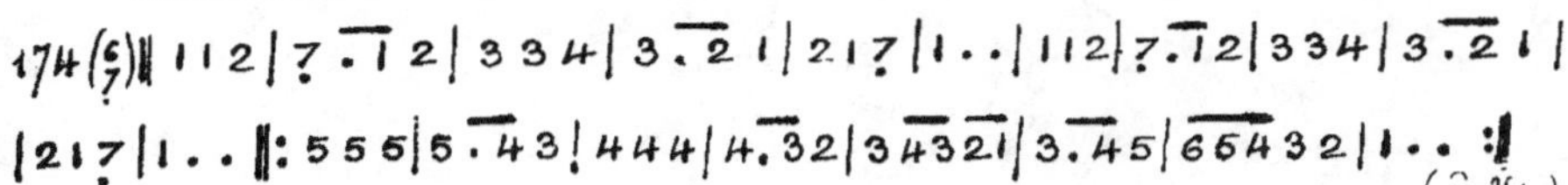

174 (6/7) ‖ 1 1 2 | 7 . 1 2 | 3 3 4 | 3 . 2 1 | 2 1 7 | 1 . . | 1 1 2 | 7 . 1 2 | 3 3 4 | 3 . 2 1 |
| 2 1 7 | 1 . . ‖: 5 5 5 | 5 . 4 3 | 4 4 4 | 4 . 3 2 | 3 4 3 2 1 | 3 . 4 5 | 6 5 4 3 2 | 1 . . :‖
(Lulli)

All^o (M. 120) Ton de Fa.

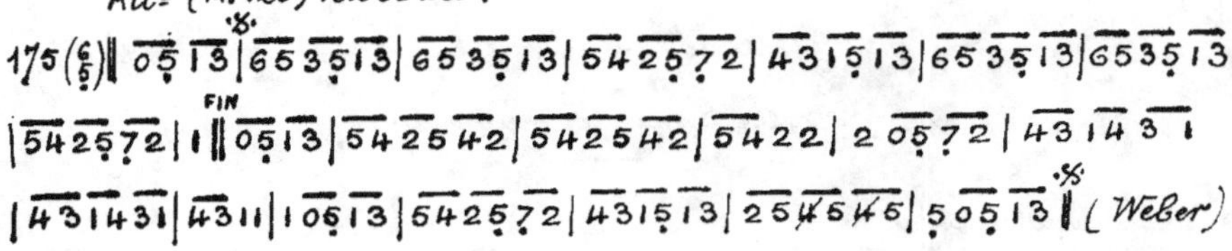

175 (6/5) ‖ 0 5 1 3 | 6 5 3 5 1 3 | 6 5 3 5 1 3 | 5 4 2 5 7 2 | 4 3 1 5 1 3 | 6 5 3 5 1 3 | 6 5 3 5 1 3 |
| 5 4 2 5 7 2 | 1 ‖ FIN 0 5 1 3 | 5 4 2 5 4 2 | 5 4 2 5 4 2 | 5 4 2 2 | 2 0 5 7 2 | 4 3 1 4 3 1 |
| 4 3 1 4 3 1 | 4 3 1 1 | 1 0 5 1 3 | 5 4 2 5 7 2 | 4 3 1 5 1 3 | 2 5 #4 6 #4 6 | 5 0 5 1 3 ‖ (Weber)

All^o (M. 120)

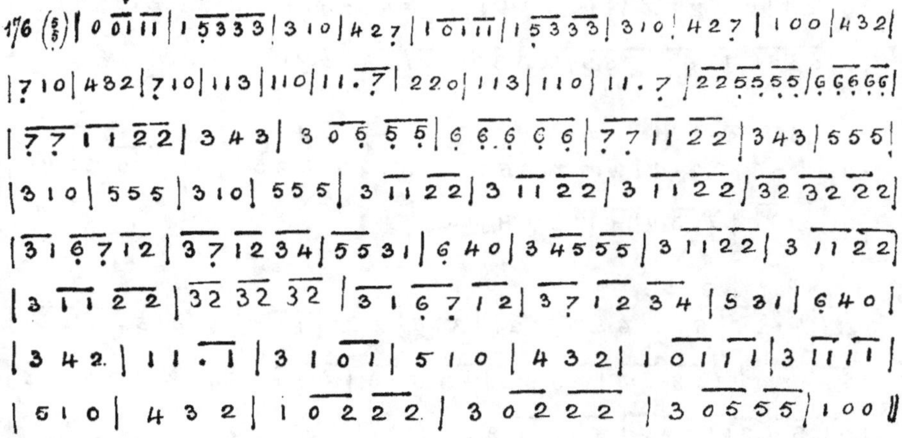

176 (5/5) | 0 0 1 1 | 1 5 3 3 3 | 3 1 0 | 4 2 7 | 1 0 1 1 | 1 5 3 3 3 | 3 1 0 | 4 2 7 | 1 0 0 | 4 3 2 |
7 1 0	4 3 2	7 1 0	1 1 3	1 1 0	1 1 . 7	2 2 0	1 1 3	1 1 0	1 1 . 7	2 2 5 5 5 5	6 6 6 6 6
7 7 1 1 2 2	3 4 3	3 0 5 5 5	6 6 . 6 6 6	7 7 1 1 2 2	3 4 3	5 5 5
3 1 0	5 5 5	3 1 0	5 5 5	3 1 1 2 2	3 1 1 2 2	3 1 1 2 2	3 2 3 2 2 2
3 1 6 7 1 2	3 7 1 2 3 4	5 5 3 1	6 4 0	3 4 5 5 5	3 1 1 2 2	3 1 1 2 2
3 1 1 2 2	3 2 3 2 3 2	3 1 6 7 1 2	3 7 1 2 3 4	5 3 1	6 4 0
3 4 2	1 1 . 1	3 1 0 1	5 1 0	4 3 2	1 0 1 1 1	3 1 1 1 1
5 1 0	4 3 2	1 0 2 2 2	3 0 2 2 2	3 0 5 5 5	1 0 0 ‖
(Mozart).

(M. 100) Ton de Sol.

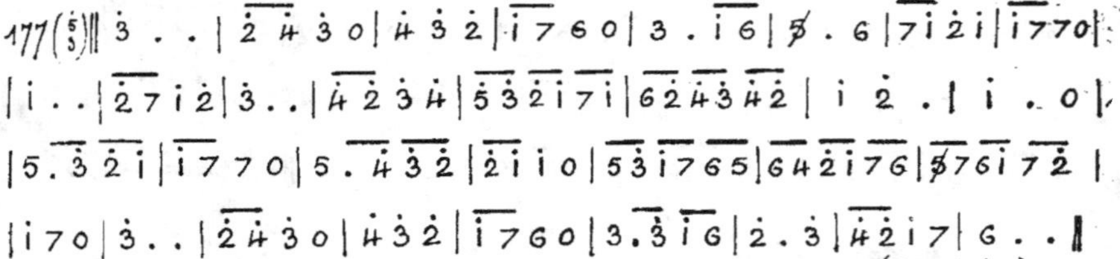

177 (5/3) ‖ 3 . . | 2 4 3 0 | 4 3 2 | 1 7 6 0 | 3 . 1 6 | 5 . 6 | 7 1 2 1 | 1 7 7 0 |
| 1 . . | 2 7 1 2 | 3 . . | 4 2 3 4 | 5 3 2 1 7 1 | 6 2 4 3 4 2 | 1 2 . | 1 . 0 |
| 5 . 3 2 1 | 1 7 7 0 | 5 . 4 3 2 | 2 1 1 0 | 5 3 1 7 6 5 | 6 4 2 1 7 6 | 5 7 6 1 7 2 |
| 1 7 0 | 3 . . | 2 4 3 0 | 4 3 2 | 1 7 6 0 | 3 . 3 1 6 | 2 . 3 | 4 2 1 7 | 6 . . ‖
(Rodolphe)

All° (M. 120) Ton de Sol.

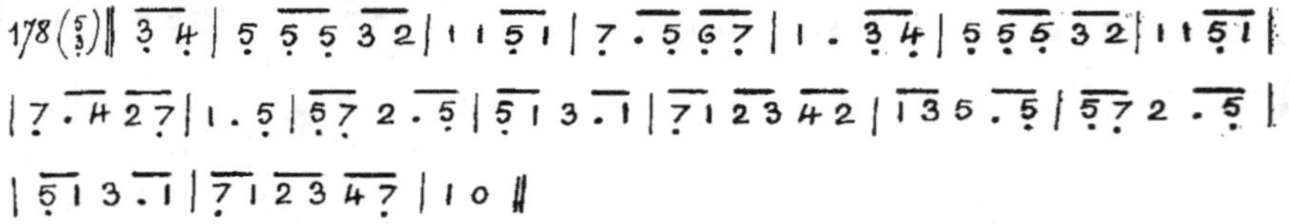

178 (5/3) ‖ 3 4 | 5 5 5 3 2 | 1 1 5 1 | 7 . 5 6 7 | 1 . 3 4 | 5 5 5 3 2 | 1 1 5 1 |
| 7 . 4 2 7 | 1 . 5 | 5 7 2 . 5 | 5 1 3 . 1 | 7 1 2 3 4 2 | 1 3 5 . 5 | 5 7 2 . 5 |
| 5 1 3 . 1 | 7 1 2 3 4 7 | 1 0 ‖

Andante. Ton de Ré.

179 (6/7) ‖ 3 . 4 | 5 . 6 5 | 4 2 5 | 3 4 3 2 1 | 3 . 4 | 5 . 6 5 | 4 2 5 | 3 . . | 1 . 7 1 |
| 2 . 3 4 | 3 3 1 | 2 . 7 | 1 . 7 1 | 2 . 3 4 | 3 3 1 | 2 5 1 | 1 2 2 . 1 | 1 . . ‖

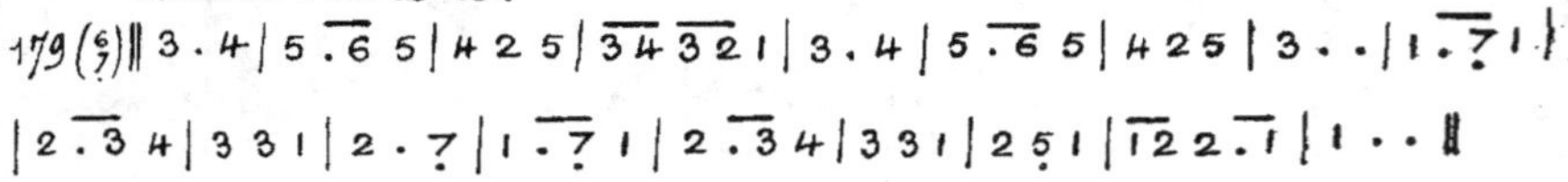

Section C.

Airs à 4 temps.

Etude des Coupes précédentes.

Andante. Ton de Sol.

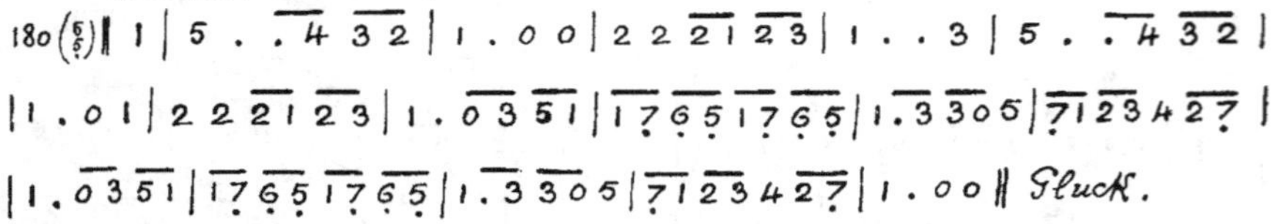

180 (6/5) ‖ 1 | 5 . . 4 3 2 | 1 . 0 0 | 2 2 2 1 2 3 | 1 . . 3 | 5 . . 4 3 2 |
| 1 . 0 1 | 2 2 2 1 2 3 | 1 . 0 3 5 1 | 1 7 6 5 1 7 6 5 | 1 . 3 3 0 5 | 7 1 2 3 4 2 7 |
| 1 . 0 3 5 1 | 1 7 6 5 1 7 6 5 | 1 . 3 3 0 5 | 7 1 2 3 4 2 7 | 1 . 0 0 ‖ Gluck.

All° Ton d'Ut

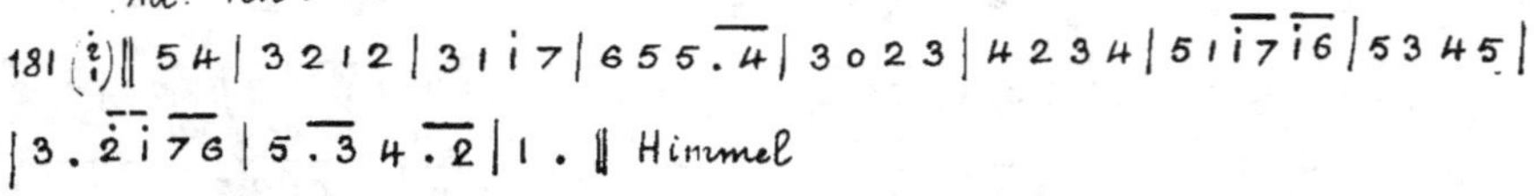

181 (1/1) ‖ 5 4 | 3 2 1 2 | 3 1 1 7 | 6 5 5 . 4 | 3 0 2 3 | 4 2 3 4 | 5 1 1 7 1 6 | 5 3 4 5 |
| 3 . 2 1 7 6 | 5 . 3 4 . 2 | 1 . ‖ Himmel

All° Ton de Ré.

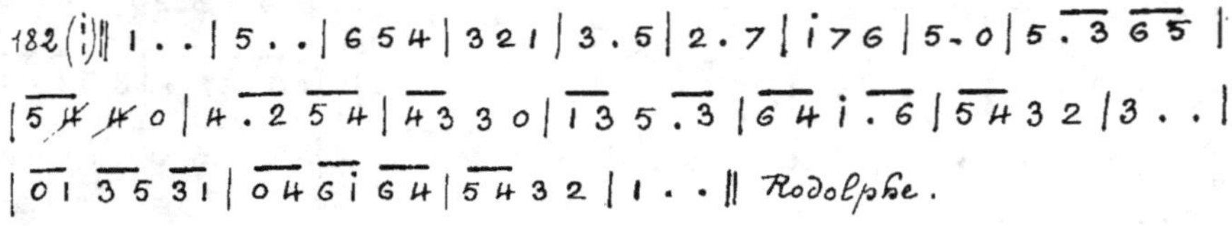

182 (1/1) ‖ 1 . . | 5 . . | 6 5 4 | 3 2 1 | 3 . 5 | 2 . 7 | 1 7 6 | 5 . 0 | 5 . 3 6 5 |
| 5 4 4 0 | 4 . 2 5 4 | 4 3 3 0 | 1 3 5 . 3 | 6 4 1 . 6 | 5 4 3 2 | 3 . . |
| 0 1 3 5 3 1 | 0 4 6 1 6 4 | 5 4 3 2 | 1 . . ‖ Rodolphe.

Andte Ton de Sol.

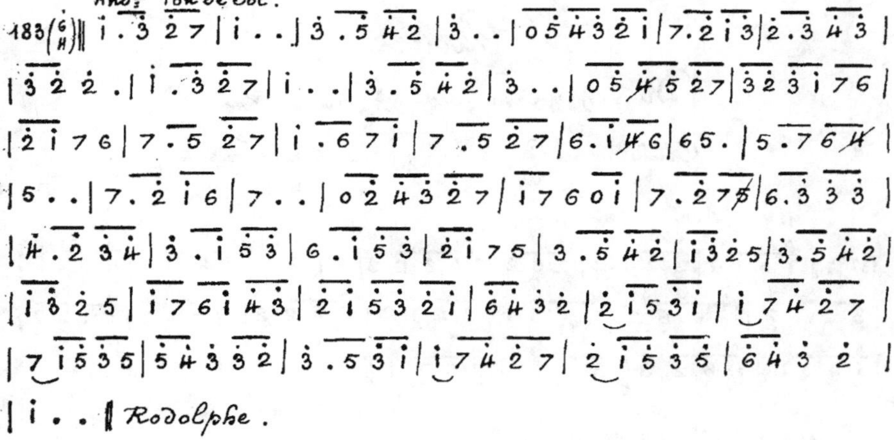

183 (6/4) ‖ 1 . 3 2 7 | 1 . . | 3 . 5 4 2 | 3 . . | 0 5 4 3 2 1 | 7 . 2 1 3 | 2 . 3 4 3 |

| 3 2 2 . | 1 . 3 2 7 | 1 . . | 3 . 5 4 2 | 3 . . | 0 5 4 5 2 7 | 3 2 3 1 7 6 |

| 2 1 7 6 | 7 . 5 2 7 | 1 . 6 7 1 | 7 . 5 2 7 | 6 . 1 4 6 | 6 5 . | 5 . 7 6 4 |

| 5 . . | 7 . 2 1 6 | 7 . . | 0 2 4 3 2 7 | 1 7 6 0 1 | 7 . 2 7 5 | 6 . 3 3 3 |

| 4 . 2 3 4 | 3 . 1 5 3 | 6 . 1 5 3 | 2 1 7 5 | 3 . 5 4 2 | 1 3 2 5 | 3 . 5 4 2 |

| 1 3 2 5 | 1 7 6 1 4 3 | 2 1 5 3 2 1 | 6 4 3 2 | 2 1 5 3 1 | 1 7 4 2 7 |

| 7 1 5 3 5 | 5 4 3 3 2 | 3 . 5 3 1 | 1 7 4 2 7 | 2 1 5 3 5 | 6 4 3 2 |

| 1 . . ‖ *Rodolphe.*

All° Ton de Meu.

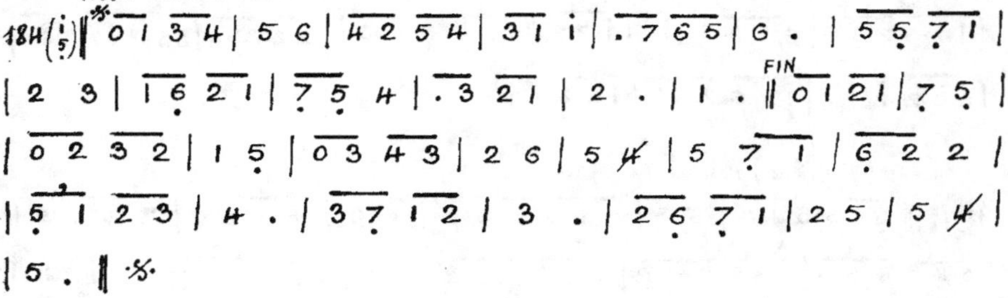

184 (1/5) ‖ 𝄋 0 1 3 4 | 5 6 | 4 2 5 4 | 3 1 1 | . 7 6 5 | 6 . | 5 5 7 1 |

| 2 3 | 1 6 2 1 | 7 5 4 | . 3 2 1 | 2 . | 1 . ‖ FIN 0 1 2 1 | 7 5 |

| 0 2 3 2 | 1 5 | 0 3 4 3 | 2 6 | 5 4 | 5 7 1 | 6 2 2 |

| 5 1 2 3 | 4 . | 3 7 1 2 | 3 . | 2 6 7 1 | 2 5 | 5 4 |

| 5 . ‖ 𝄋

All° Ton de Sol.

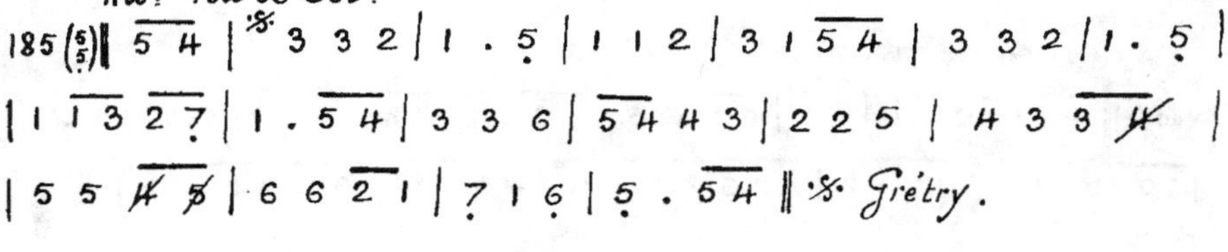

185 (5/5) ‖ 5 4 | 𝄋 3 3 2 | 1 . 5 | 1 1 2 | 3 1 5 4 | 3 3 2 | 1 . 5 |

| 1 1 3 2 7 | 1 . 5 4 | 3 3 6 | 5 4 4 3 | 2 2 5 | 4 3 3 4 |

| 5 5 4 5 | 6 6 2 1 | 7 1 6 | 5 . 5 4 ‖ 𝄋 *Grétry.*

Allégro. Ton de Fé.

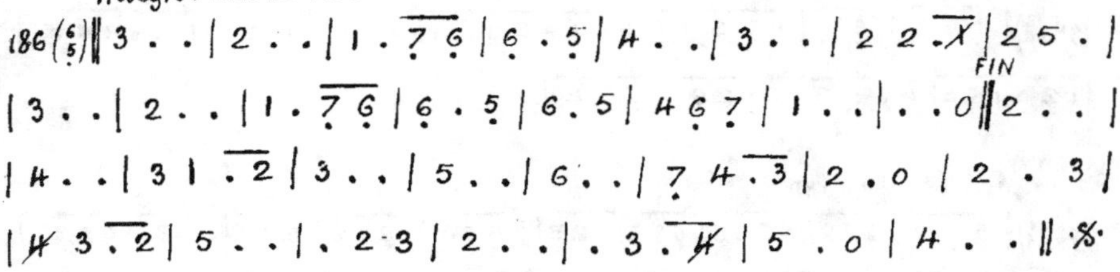

186 (6/5) ‖ 3 . . | 2 . . | 1 . 7 6 | 6 . 5 | 4 . . | 3 . . | 2 2 . X | 2 5 . |

| 3 . . | 2 . . | 1 . 7 6 | 6 . 5 | 6 . 5 | 4 6 7 | 1 . . | . . 0 ‖ FIN 2 . . |

| 4 . . | 3 1 . 2 | 3 . . | 5 . . | 6 . . | 7 4 . 3 | 2 . 0 | 2 . 3 |

| 4 3 . 2 | 5 . . | . 2 3 | 2 . . | . 3 . 4 | 5 . 0 | 4 . . ‖ 𝄋

(De la Tour)

4e Partie.

Division ternaire, Section A, airs à 2 temps.

Etude de la Coupe {555 / ta té ti} 5 des Coupes précédentes

(M. 100) Ton de Sol.

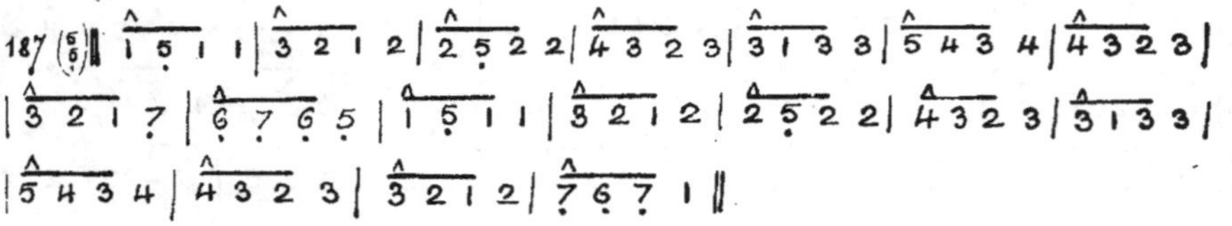

187 (5/5) ‖ 1 5 1 1 | 3 2 1 2 | 2 5 2 2 | 4 3 2 3 | 3 1 3 3 | 5 4 3 4 | 4 3 2 3 |
| 3 2 1 7 | 6 7 6 5 | 1 5 1 1 | 3 2 1 2 | 2 5 2 2 | 4 3 2 3 | 3 1 3 3 |
| 5 4 3 4 | 4 3 2 3 | 3 2 1 2 | 7 6 7 1 ‖

All° (M. 108) Ton de Mi.

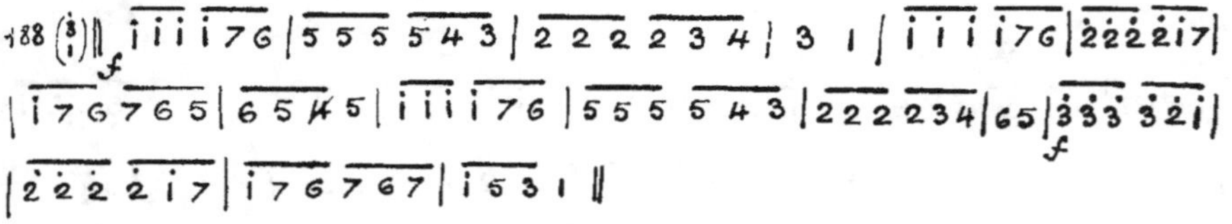

188 (3/1) ‖ *f* 1 1 1 1 7 6 | 5 5 5 5 4 3 | 2 2 2 2 3 4 | 3 1 | 1 1 1 1 7 6 | 2 2 2 2 1 7 |
| 1 7 6 7 6 5 | 6 5 #4 5 | 1 1 1 1 7 6 | 5 5 5 5 4 3 | 2 2 2 2 3 4 | 6 5 | *f* 3 3 3 3 2 1 |
| 2 2 2 2 1 7 | 1 7 6 7 6 7 | 1 5 3 1 ‖

All° (M. 100) Ton de Ré.

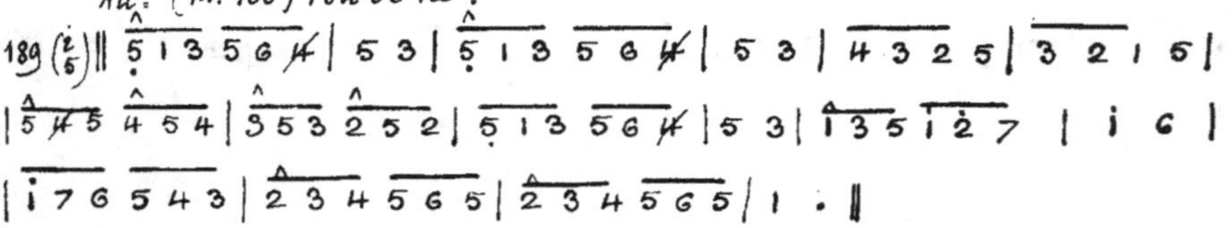

189 (2/5) ‖ 5 1 3 5 6 #4 | 5 3 | 5 1 3 5 6 #4 | 5 3 | 4 3 2 5 | 3 2 1 5 |
| 5 #4 5 4 5 4 | 3 5 3 2 5 2 | 5 1 3 5 6 #4 | 5 3 | 1 3 5 1 2 7 | 1 6 |
| 1 7 6 5 4 3 | 2 3 4 5 6 5 | 2 3 4 5 6 5 | 1 . ‖

All° (M. 100) Ton de Ré.

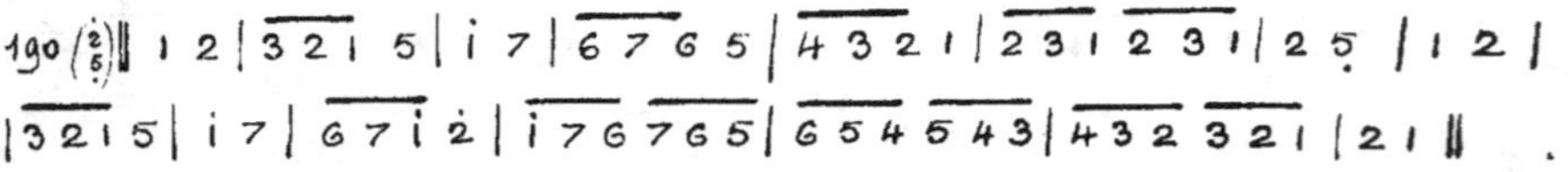

190 (2/5) ‖ 1 2 | 3 2 1 5 | 1 7 | 6 7 6 5 | 4 3 2 1 | 2 3 1 2 3 1 | 2 5 | 1 2 |
| 3 2 1 5 | 1 7 | 6 7 1 2 | 1 7 6 7 6 5 | 6 5 4 5 4 3 | 4 3 2 3 2 1 | 2 1 ‖

And^te^ (M. 96) Ton de Fa.

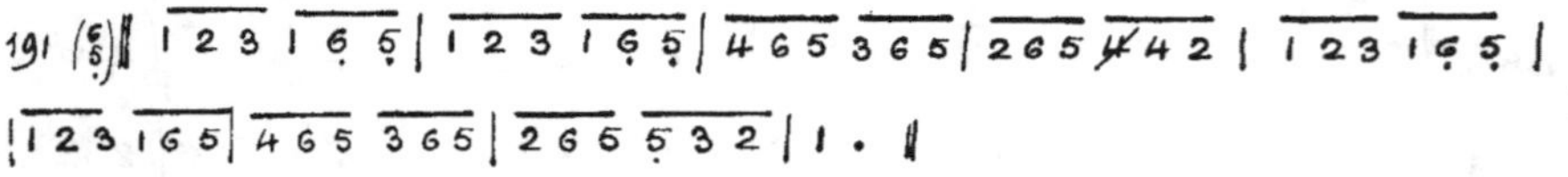

191 (5/5) ‖ 1 2 3 1 6 5 | 1 2 3 1 6 5 | 4 6 5 3 6 5 | 2 6 5 #4 4 2 | 1 2 3 1 6 5 |
| 1 2 3 1 6 5 | 4 6 5 3 6 5 | 2 6 5 5 3 2 | 1 . ‖

All° (M. 120) Ton de Mi

192 (1/5) ‖ 5 5 5 | 1 2 2 2 | 5 6 4 6 | 5 3 5 4 2 5 | 3 5 5 5 | 1 2 2 2 | 5 6 4 6 | 5 3 5 4 2 5 |
| 1 1 1 1 | 7 6 6 6 | 5 4 2 5 | 3 1 5 4 2 5 | 3 1 1 1 | 7 6 6 6 | 2 1 7 6 | 5 3 5 4 2 7 | 1 . ‖

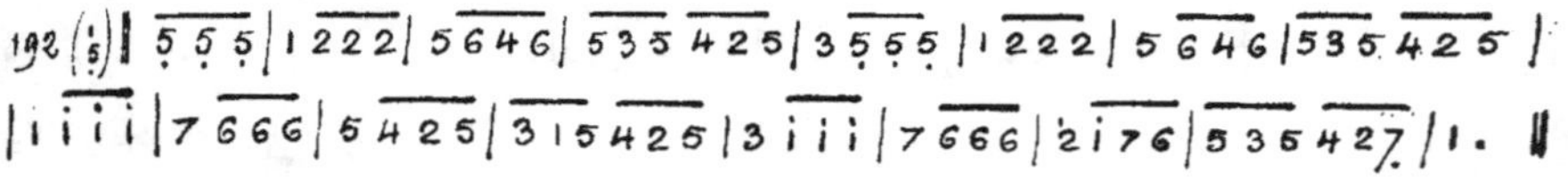

Andante (M. 80) Ton de Sol.

193 (5/5) ‖ 1 2 1 2 | 3 1 | 3 2 1 2 | 5 0 | 1 2 1 2 | 3 1 | 3 2 1 3 | 5 0 | 2 2 1 3 |
| 2 5 | 3 5 4 3 | 2 0 | 1 2 1 2 | 3 1 | 3 5 4 2 | 1 . ‖

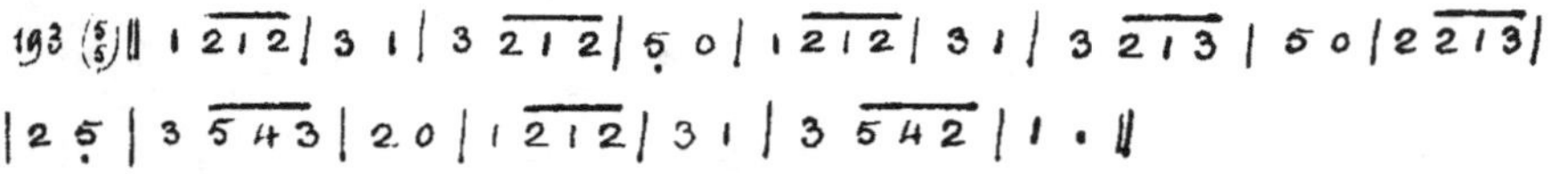

(M. 120)

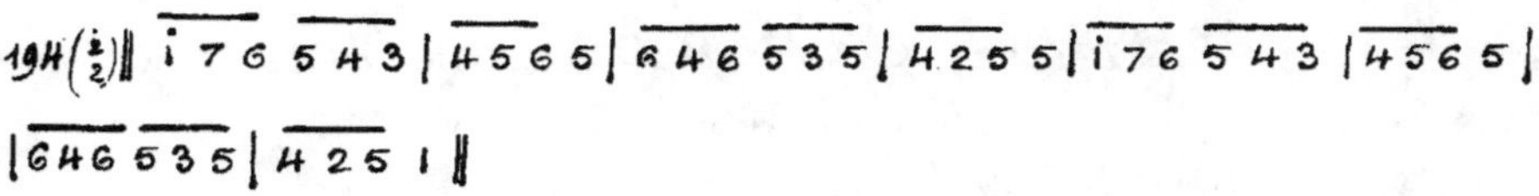

194 (2/2) ‖ 176 543 | 4565 | 646 535 | 4255 | 176 543 | 4565 |
| 646 535 | 425 1 ‖

All.º M. 120) Ton d'Ut.

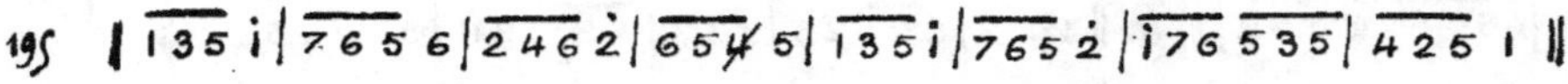

195 ‖ 135 1 | 7656 | 2462 | 65♯4 5 | 1351 | 7652 | 176 535 | 425 1 ‖

All.º (M. 120) Ton de Fa.

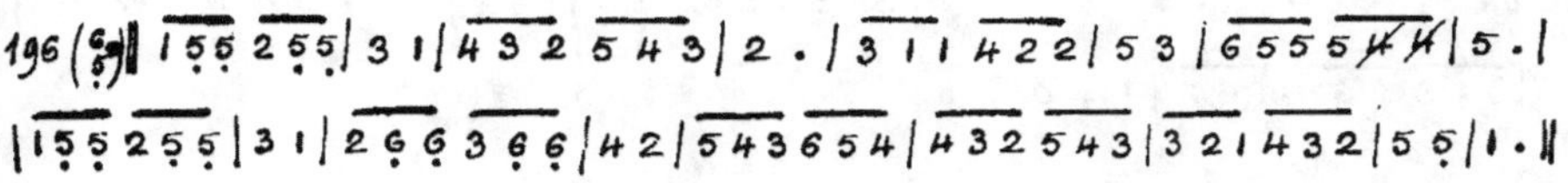

196 (6/5) ‖ 155 255 | 31 | 432 543 | 2. | 311 422 | 53 | 6555♯4♯4 | 5. |
| 155 255 | 31 | 266 366 | 42 | 543 654 | 432 543 | 321 432 | 55 | 1. ‖

All.º (M. 120) Ton de Fa.

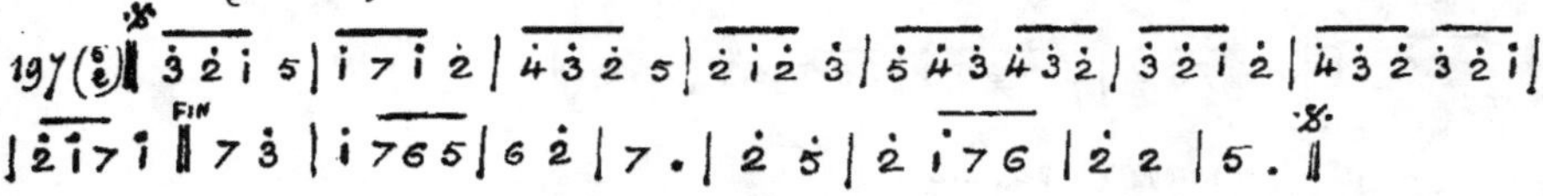

197 (5/2) ‖ 321 5 | 1712 | 432 5 | 212 3 | 543 432 | 3212 | 432 321 |
| 2171 ‖ FIN 73 | 1765 | 62 | 7. | 25 | 2176 | 22 | 5. ‖

All.º (M. 120) Ton de Ré

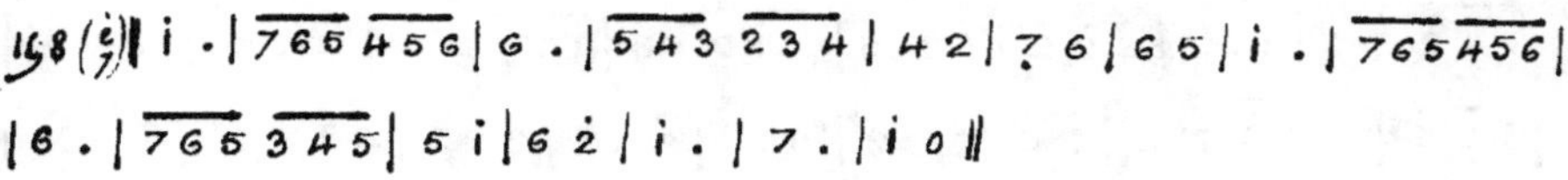

198 (1/7) ‖ 1. | 765 456 | 6. | 543 234 | 42 | 76 | 65 | 1. | 765456 |
| 6. | 765 345 | 51 | 62 | 1. | 7. | 10 ‖

And.te (M. 90) Ton de Mi

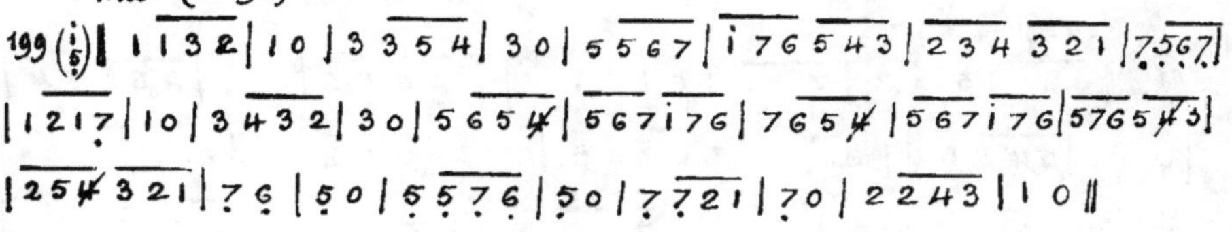

199 (1/5) ‖ 1132 | 10 | 3354 | 30 | 5567 | 176543 | 234 321 | 7567 |
| 1217 | 10 | 3432 | 30 | 565♯4 | 567176 | 765♯4 | 567176 | 57654♯3 |
| 25♯4 321 | 76 | 50 | 5576 | 50 | 7721 | 70 | 2243 | 10 ‖

Mod.to (M. 120) Ton de Si.

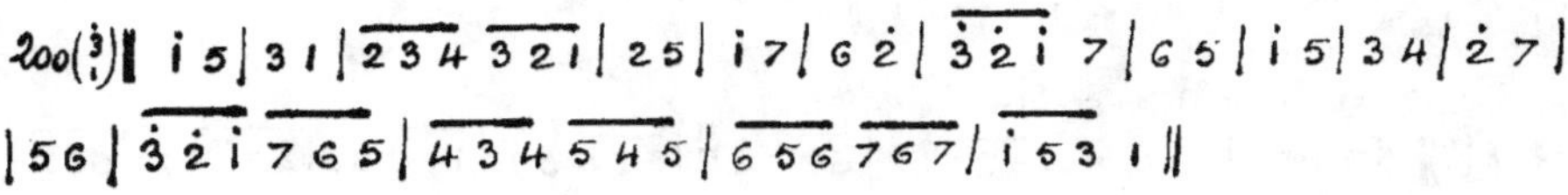

200 (3/1) ‖ 15 | 31 | 234 321 | 25 | 17 | 62 | 321 7 | 65 | 15 | 34 | 27 |
| 56 | 321 765 | 434 545 | 656 767 | 153 1 ‖

Mod.to (M. 120) Ton de Mi♭

201 (1/6) ‖ 617 633 | 43 | 654 321 | 1767 | 617 633 | 43 | 654321 |
| 7176 | 132 155 | 65 | 176 543 | 3212 | 132155 | 65 | 176543 | 2321 ‖

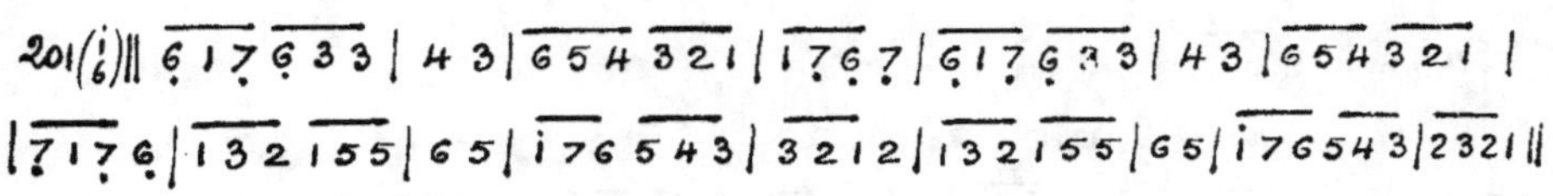

(M 120) Ton de Mi

202 (1/5) ‖ 176 3♯23 | 5♯45 2 | 2♯2 434 | 65♯4 5 | 3♯23 5♯45 | 171 2♯2 |
| 434 6♯56 | 1713♯23 | 5♯4 275 | 1. ‖

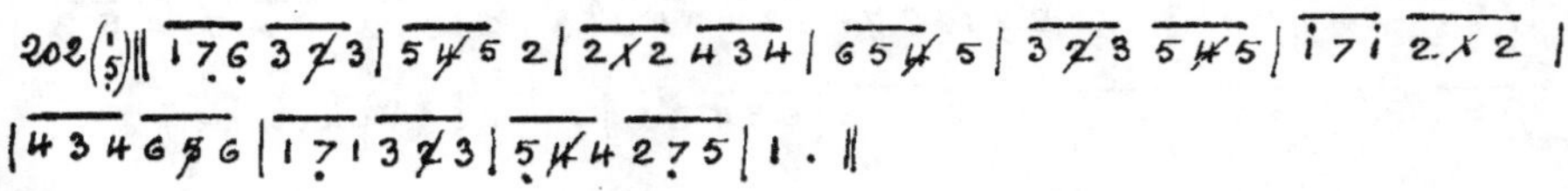

4e Partie .. Section B .. Airs à 3 temps.

Etude des Coupes précédentes.

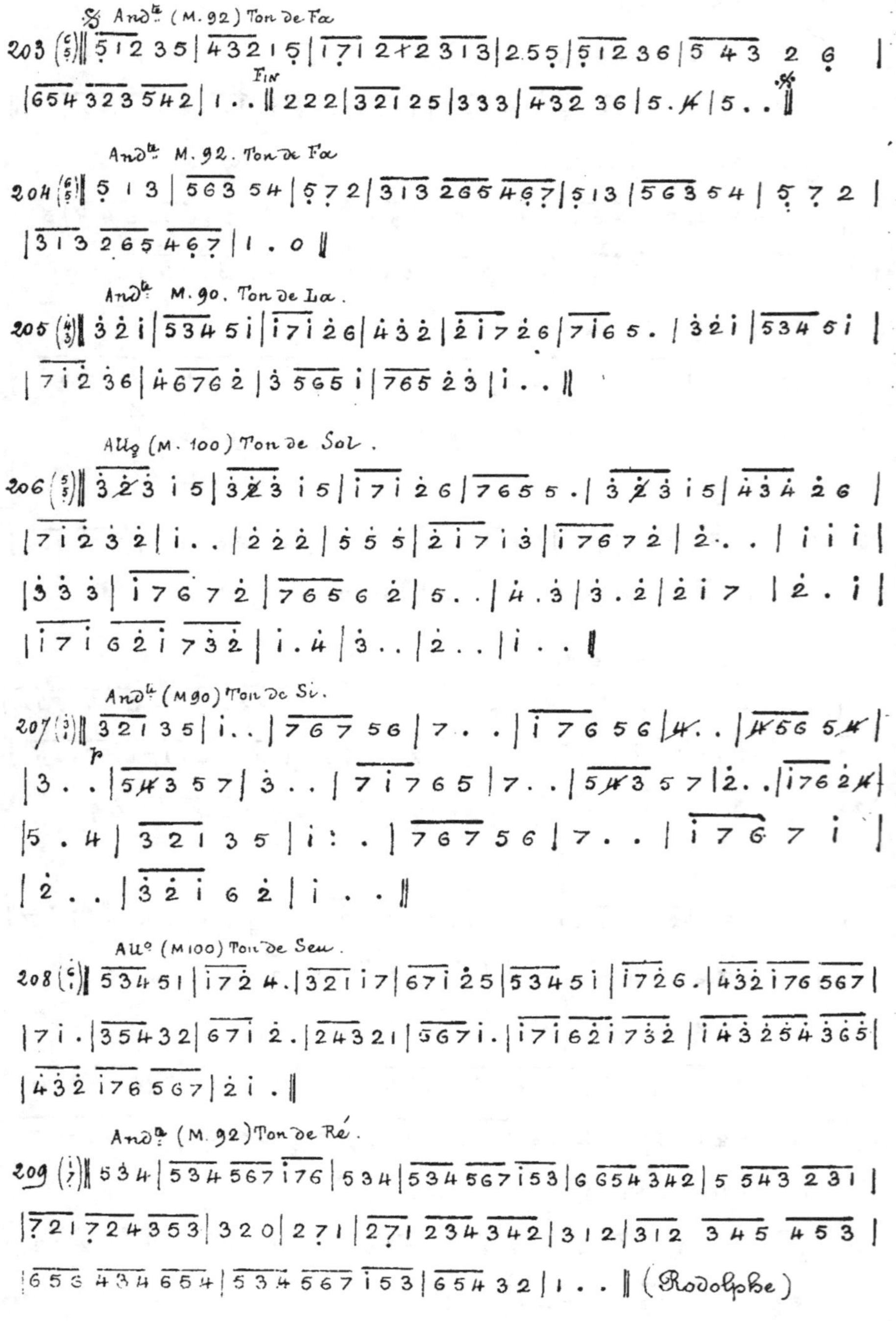

𝄋 Andte (M. 92) Ton de Fa

203 (6/5) ‖ 5 1 2 3 5 | 4 3 2 1 5 | 1 7 1 2 1 2 3 1 3 | 2 5 5 | 5 1 2 3 6 | 5 4 3 2 6 |
| 6 5 4 3 2 3 5 4 2 | 1 . . ‖ 2 2 2 | 3 2 1 2 5 | 3 3 3 | 4 3 2 3 6 | 5 . 4 | 5 . . ‖ (Fin … 𝄋)

Andte M. 92. Ton de Fa

204 (6/5) ‖ 5 1 3 | 5 6 3 5 4 | 5 7 2 | 3 1 3 2 6 5 4 6 7 | 5 1 3 | 5 6 3 5 4 | 5 7 2 |
| 3 1 3 2 6 5 4 6 7 | 1 . 0 ‖

Andte M. 90. Ton de La.

205 (4/3) ‖ 3 2 1 | 5 3 4 5 1 | 1 7 1 2 6 | 4 3 2 | 2 1 7 2 6 | 7 1 6 5 . | 3 2 1 | 5 3 4 5 1 |
| 7 1 2 3 6 | 4 6 7 6 2 | 3 5 6 5 1 | 7 6 5 2 3 | 1 . . ‖

Allo (M. 100) Ton de Sol.

206 (5/5) ‖ 3 2 3 1 5 | 3 2 3 1 5 | 1 7 1 2 6 | 7 6 5 5 . | 3 2 3 1 5 | 4 3 4 2 6 |
| 7 1 2 3 2 | 1 . . | 2 2 2 | 5 5 5 | 2 1 7 1 3 | 1 7 6 7 2 | 2 . . | 1 1 1 |
| 3 3 3 | 1 7 6 7 2 | 7 6 5 6 2 | 5 . . | 4 . 3 | 3 . 2 | 2 1 7 | 2 . 1 |
| 1 7 1 6 2 1 7 3 2 | 1 . 4 | 3 . . | 2 . . | 1 . . ‖

Andte (M 90) Ton de Si.

207 (3/1) ‖ 3 2 1 3 5 | 1 . . | 7 6 7 5 6 | 7 . . | 1 7 6 5 6 | 4 . . | 4 5 6 5 4 |
p
| 3 . . | 5 4 3 5 7 | 3 . . | 7 1 7 6 5 | 7 . . | 5 4 3 5 7 | 2 . . | 1 7 6 2 4 |
| 5 . 4 | 3 2 1 3 5 | 1 . . | 7 6 7 5 6 | 7 . . | 1 7 6 7 1 |
| 2 . . | 3 2 1 6 2 | 1 . . ‖

Allo (M 100) Ton de Seu.

208 (6/1) ‖ 5 3 4 5 1 | 1 7 2 4 . | 3 2 1 1 7 | 6 7 1 2 5 | 5 3 4 5 1 | 1 7 2 6 . | 4 3 2 1 7 6 5 6 7 |
| 7 1 . | 3 5 4 3 2 | 6 7 1 2 . | 2 4 3 2 1 | 5 6 7 1 . | 1 7 1 6 2 1 7 3 2 | 1 4 3 2 5 4 3 6 5 |
| 4 3 2 1 7 6 5 6 7 | 2 1 . ‖

Andte (M. 92) Ton de Ré.

209 (1/7) ‖ 5 3 4 | 5 3 4 5 6 7 1 7 6 | 5 3 4 | 5 3 4 5 6 7 1 5 3 | 6 6 5 4 3 4 2 | 5 5 4 3 2 3 1 |
| 7 2 1 7 2 4 3 5 3 | 3 2 0 | 2 7 1 | 2 7 1 2 3 4 3 4 2 | 3 1 2 | 3 1 2 3 4 5 4 5 3 |
| 6 5 3 4 3 4 6 5 4 | 5 3 4 5 6 7 1 5 3 | 6 5 4 3 2 | 1 . . ‖ (Rodolphe)

5e Partie. _ Division ternaire.

Études des Coupes ‖ 5 . 5 (ta é ti) | . . 5 (a é ti) | . 5 5 (a té ti) ‖ Groupe 1.

All° Ton de Mi

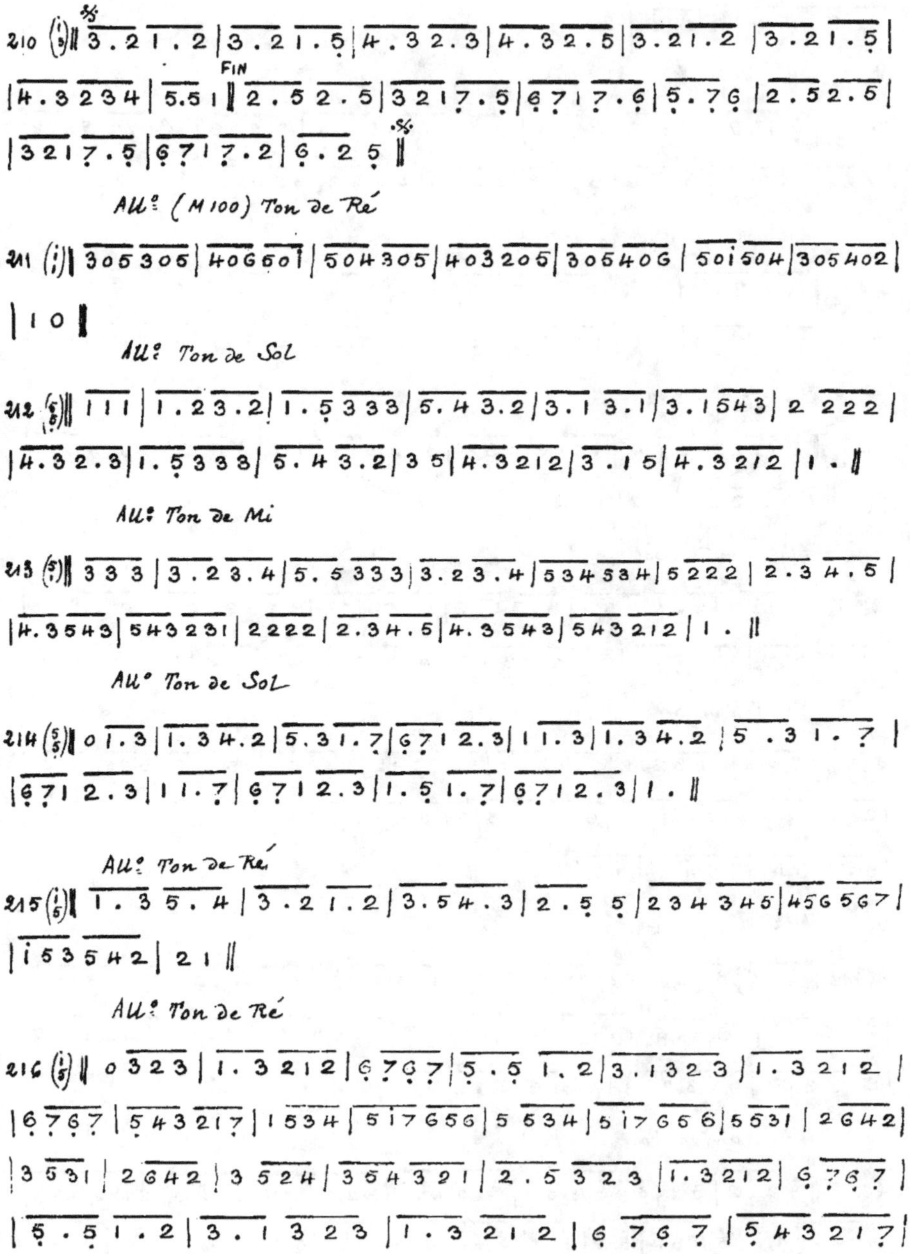

210 (1/3) ‖ 3 . 2 1 . 2 | 3 . 2 1 . 5 | 4 . 3 2 . 3 | 4 . 3 2 . 5 | 3 . 2 1 . 2 | 3 . 2 1 . 5 |
| 4 . 3 2 3 4 | 5 . 5 1 ‖ FIN 2 . 5 2 . 5 | 3 2 1 7 . 5 | 6 7 1 7 . 6 | 5 . 7 6 | 2 . 5 2 . 5 |
| 3 2 1 7 . 5 | 6 7 1 7 . 2 | 6 . 2 5 ‖

All° (M 100) Ton de Ré

211 (1/1) | 3 0 5 3 0 6 | 4 0 6 5 0 1 | 5 0 4 3 0 5 | 4 0 3 2 0 5 | 3 0 5 4 0 6 | 5 0 1 5 0 4 | 3 0 5 4 0 2 |
| 1 0 ‖

All° Ton de Sol

212 (1/5) ‖ 1 1 1 | 1 . 2 3 . 2 | 1 . 5 3 3 3 | 5 . 4 3 . 2 | 3 . 1 3 . 1 | 3 . 1 5 4 3 | 2 2 2 2 |
| 4 . 3 2 . 3 | 1 . 5 3 3 3 | 5 . 4 3 . 2 | 3 5 | 4 . 3 2 1 2 | 3 . 1 5 | 4 . 3 2 1 2 | 1 . ‖

All° Ton de Mi

213 (5/1) ‖ 3 3 3 | 3 . 2 3 . 4 | 5 . 5 3 3 3 | 3 . 2 3 . 4 | 5 3 4 5 3 4 | 5 2 2 2 | 2 . 3 4 . 5 |
| 4 . 3 5 4 3 | 5 4 3 2 3 1 | 2 2 2 2 | 2 . 3 4 . 5 | 4 . 3 5 4 3 | 5 4 3 2 1 2 | 1 . ‖

All° Ton de Sol

214 (5/5) ‖ 0 1 . 3 | 1 . 3 4 . 2 | 5 . 3 1 . 7 | 6 7 1 2 . 3 | 1 1 . 3 | 1 . 3 4 . 2 | 5 . 3 1 . 7 |
| 6 7 1 2 . 3 | 1 1 . 7 | 6 7 1 2 . 3 | 1 . 5 1 . 7 | 6 7 1 2 . 3 | 1 . ‖

All° Ton de Ré

215 (1/5) ‖ 1 . 3 5 . 4 | 3 . 2 1 . 2 | 3 . 5 4 . 3 | 2 . 5 5 | 2 3 4 3 4 5 | 4 5 6 5 6 7 |
| 1 5 3 5 4 2 | 2 1 ‖

All° Ton de Ré

216 (1/5) ‖ 0 3 2 3 | 1 . 3 2 1 2 | 6 7 6 7 | 5 . 5 1 . 2 | 3 . 1 3 2 3 | 1 . 3 2 1 2 |
6 7 6 7	5 4 3 2 1 7	1 5 3 4	5 1 7 6 5 6	5 5 3 4	5 1 7 6 5 6	5 5 3 1	2 6 4 2
3 5 3 1	2 6 4 2	3 5 2 4	3 5 4 3 2 1	2 . 5 3 2 3	1 . 3 2 1 2	6 7 6 7
5 . 5 1 . 2	3 . 1 3 2 3	1 . 3 2 1 2	6 7 6 7	5 4 3 2 1 7
1 . ‖ J.-J. Rousseau

All° Ton de Fa.

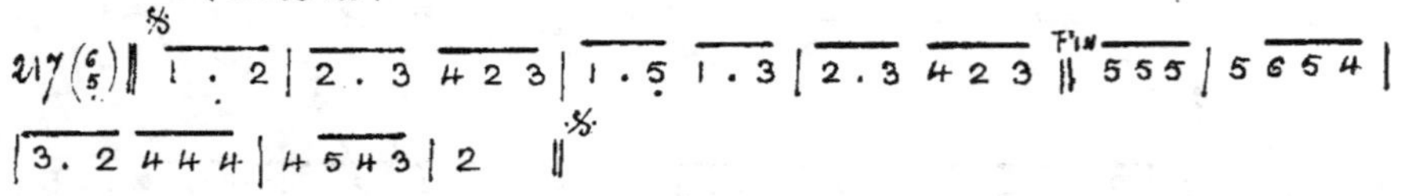

217 (6/5) ‖ 1 . 2 | 2 . 3 4 2 3 | 1 . 5 1 . 3 | 2 . 3 4 2 3 ‖ Fin 5 5 5 | 5 6 5 4 |
| 3 . 2 4 4 4 | 4 5 4 3 | 2 ‖

All° Ton de Fa.

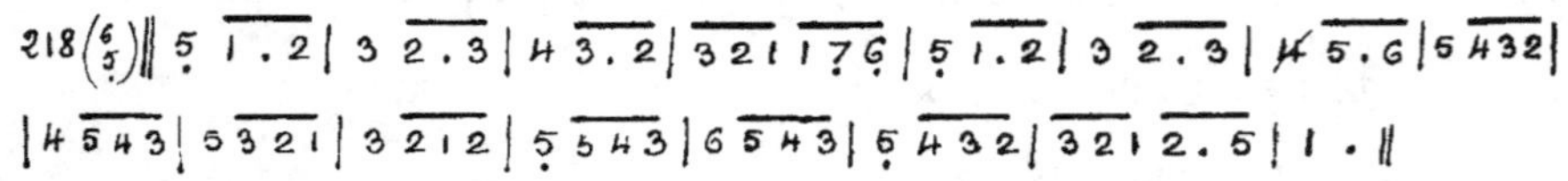

218 (6/5) ‖ 5 1 . 2 | 3 2 . 3 | 4 3 . 2 | 3 2 1 1 7 6 | 5 1 . 2 | 3 2 . 3 | 4 5 . 6 | 5 4 3 2 |
| 4 5 4 3 | 5 3 2 1 | 3 2 1 2 | 5 5 4 3 | 6 5 4 3 | 5 4 3 2 | 3 2 1 2 . 5 | 1 . ‖

All° (M. 120) Ton de Ré

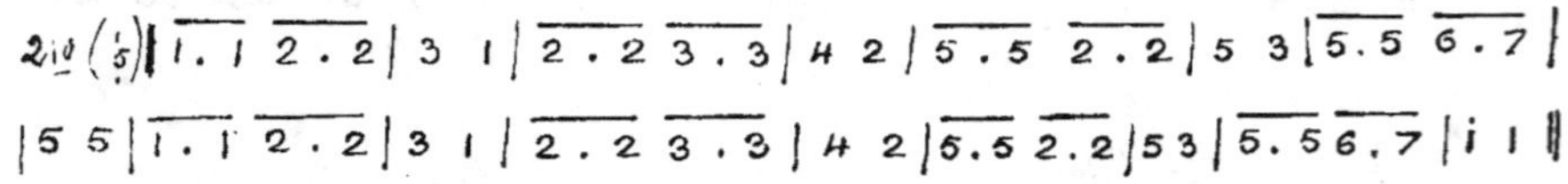

219 (1/5) ‖ 1 . 1 2 . 2 | 3 1 | 2 . 2 3 . 3 | 4 2 | 5 . 5 2 . 2 | 5 3 | 5 . 5 6 . 7 |
| 5 5 | 1 . 1 2 . 2 | 3 1 | 2 . 2 3 . 3 | 4 2 | 5 . 5 2 . 2 | 5 3 | 5 . 5 6 . 7 | i 1 ‖

All° Ton de Mi.

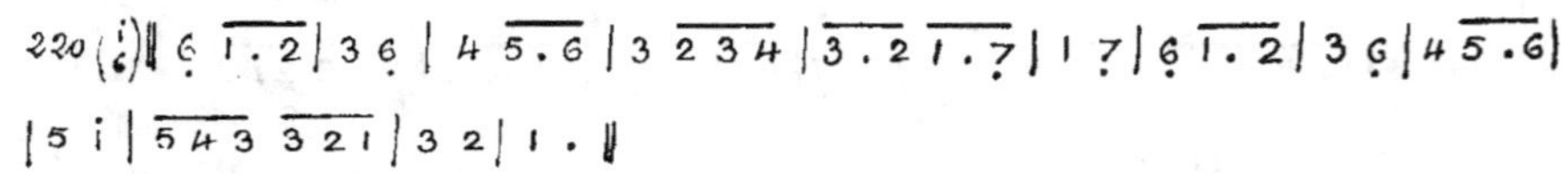

220 (1/6) ‖ 6 1 . 2 | 3 6 | 4 5 . 6 | 3 2 3 4 | 3 . 2 1 . 7 | 1 7 | 6 1 . 2 | 3 6 | 4 5 . 6 |
| 5 i | 5 4 3 3 2 1 | 3 2 | 1 . ‖

All° Ton de Sol

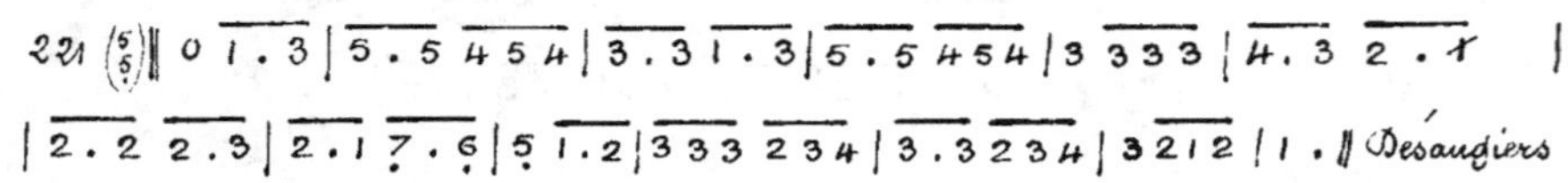

221 (5/5) ‖ 0 1 . 3 | 5 . 5 4 5 4 | 3 . 3 1 . 3 | 5 . 5 4 5 4 | 3 3 3 3 | 4 . 3 2 . 1 |
| 2 . 2 2 . 3 | 2 . 1 7 . 6 | 5 1 . 2 | 3 3 3 2 3 4 | 3 . 3 2 3 4 | 3 2 1 2 | 1 . ‖ Désaugiers

All° Ton de Ré

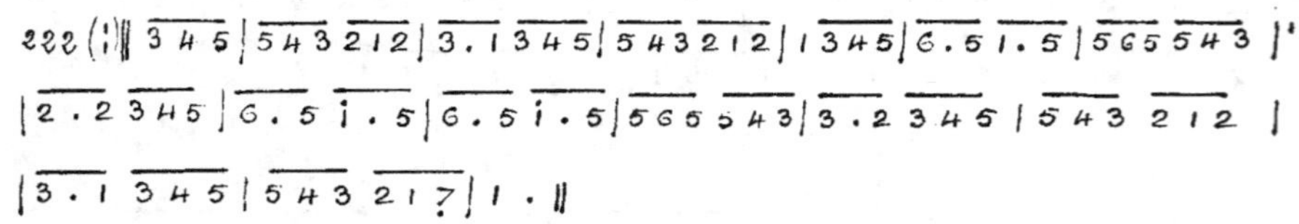

222 (1/1) ‖ 3 4 5 | 5 4 3 2 1 2 | 3 . 1 3 4 5 | 5 4 3 2 1 2 | 1 3 4 5 | 6 . 5 1 . 5 | 5 6 5 5 4 3 |
| 2 . 2 3 4 5 | 6 . 5 i . 5 | 6 . 5 i . 5 | 5 6 5 5 4 3 | 3 . 2 3 4 5 | 5 4 3 2 1 2 |
| 3 . 1 3 4 5 | 5 4 3 2 1 7 | 1 . ‖

All° Ton de Ré

223 (2/5) ‖ 5 . 5 | 5 6 5 4 3 2 | 3 . 1 5 . 5 | 5 6 5 4 3 2 | 1 2 . 2 | 2 3 2 1 7 6 | 5 . 5 1 7 1 |
| 2 . 2 2 3 4 | 3 5 . 5 | i . i 7 2 7 | i . i 5 . 6 | 3 . 3 5 . 5 | 2 5 . 5 | 6 . 5 5 . 5 |
| 6 . 5 3 . 3 | 4 . 3 3 . 3 | 4 3 . 3 | 2 . 2 5 . 5 | 1 . ‖

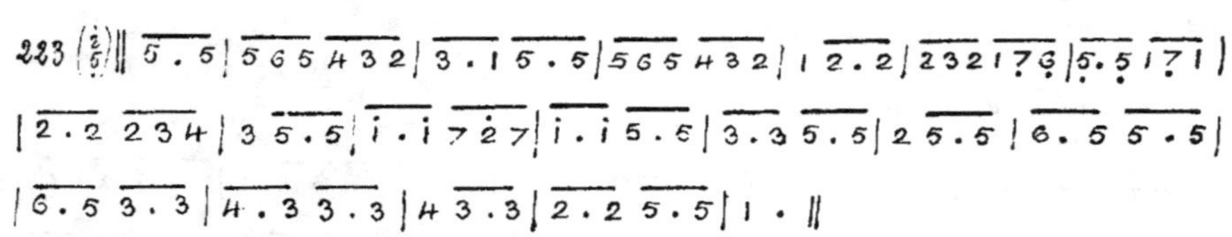

All° Ton de Fa

224 ‖ 3 2 i 2 | 3 i | 5 4 3 4 | 5 3 | 6 . 5 4 . 3 | 3 2 1 2 7 5 | 5 . 4 3 . 2 | 2 1 7 i 5 3 |
| 3 2 i 2 | 3 i | 5 4 3 4 | 5 3 | i . 5 5 4 3 | 6 . 4 4 3 2 | 5 7 | i . ‖

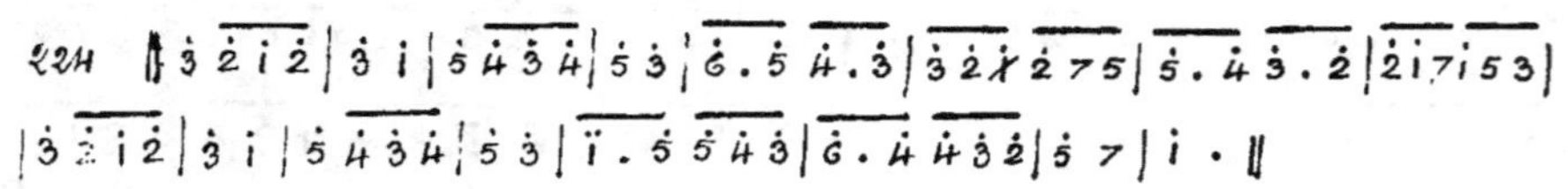

And^te Ton de Sol

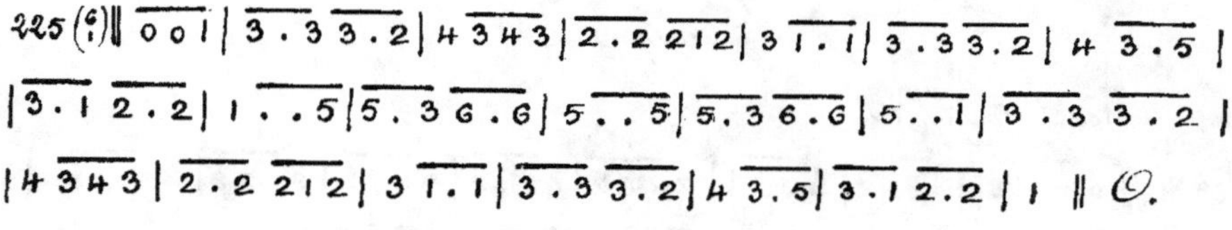

225 (6/1) ‖ 001 | 3.33.2 | 4343 | 2.2212 | 31.1 | 3.33.2 | 4 3.5 |
| 3.1 2.2 | 1 . . 5 | 5.36.6 | 5 . . 5 | 5.36.6 | 5 . . 1 | 3.3 3.2 |
| 4343 | 2.2 212 | 3 1.1 | 3.33.2 | 4 3.5 | 3.1 2.2 | 1 ‖ O.

All° Ton de Sol.

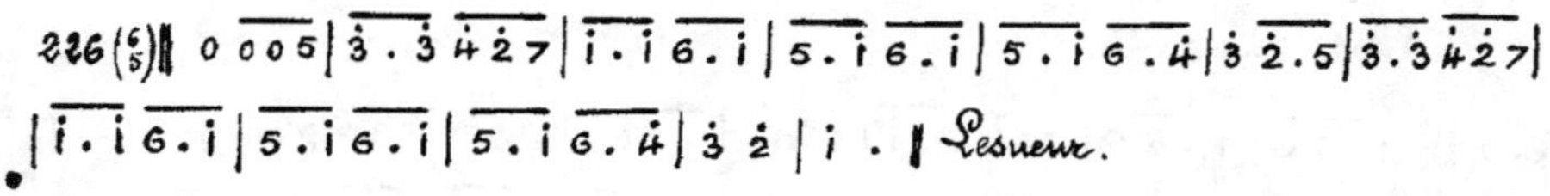

226 (6/5) ‖ 0005 | 3̇.3̇4̇2̇7 | 1̇.1̇6.1̇ | 5.1̇6.1̇ | 5.1̇6.4̇ | 3̇2̇.5 | 3̇.3̇4̇2̇7 |
| 1̇.1̇6.1̇ | 5.1̇6.1̇ | 5.1̇6.4̇ | 3̇ 2̇ | 1̇ . ‖ Lesueur.

All° Ton de Sol.

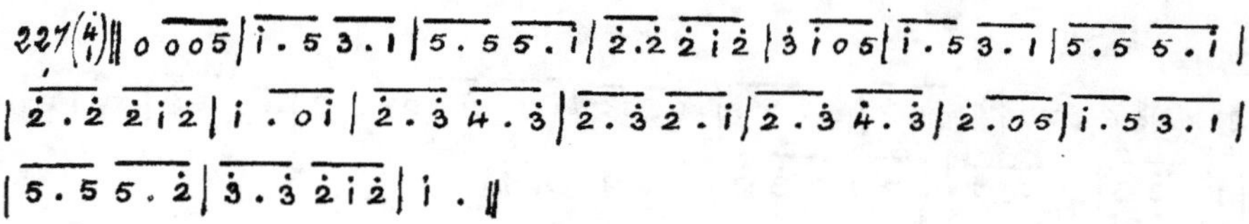

227 (4/1) ‖ 0005 | 1̇.53.1 | 5.55.1̇ | 2̇.2̇2̇1̇2̇ | 3̇1̇05 | 1̇.53.1 | 5.55.1̇ |
| 2̇.2̇2̇1̇2̇ | 1̇ .01̇ | 2̇.3̇4̇.3̇ | 2̇.3̇2̇.1̇ | 2̇.3̇4̇.3̇ | 2̇.06 | 1̇.53.1 |
| 5.55.2̇ | 3̇.3̇2̇1̇2̇ | 1̇ . ‖

All° Ton de Sol.

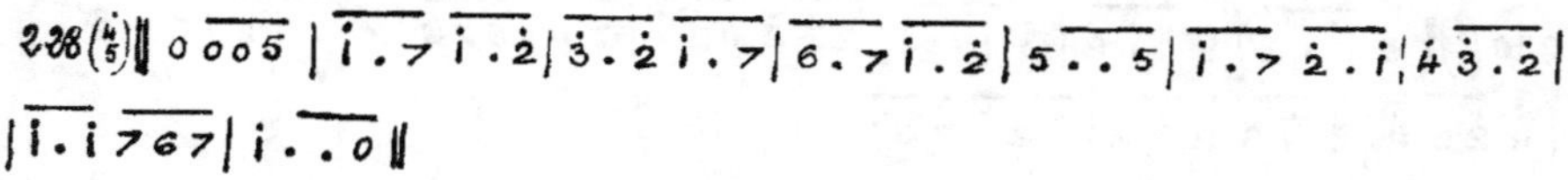

228 (4̇/5) ‖ 0005 | 1̇.71̇.2̇ | 3̇.2̇1̇.7 | 6.71̇.2̇ | 5 . . 5 | 1̇.72̇.1̇ | 4̇3̇.2̇ |
| 1̇.1̇767 | 1̇ . . 0 ‖

All° Ton d'Ut

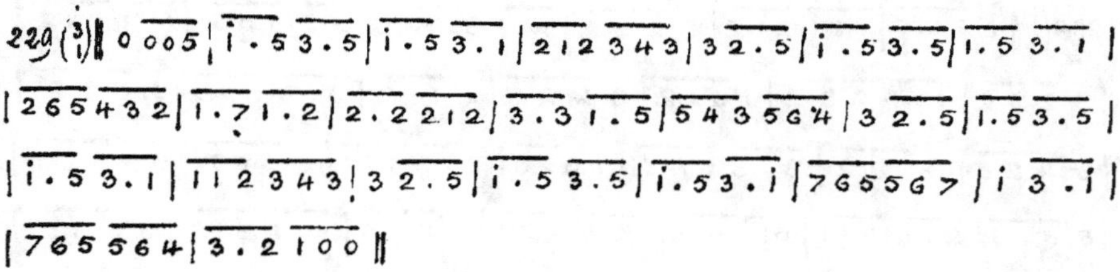

229 (3̇/1) ‖ 0005 | 1̇.53.5 | 1̇.53.1 | 212343 | 32.5 | 1̇.53.5 | 1.53.1 |
| 265432 | 1.71̣.2 | 2.2212 | 3.31.5 | 543564 | 32.5 | 1.53.5 |
| 1̇.53.1 | 112343 | 32.5 | 1̇.53.5 | 1̇.53.1̇ | 765567 | 1̇ 3.1̇ |
| 765564 | 3.2100 ‖

M100 Ton de Fa.

230 (6/5̣) ‖ 005̣ | 5̣3217̣1 | 2.7̣5̣05̣ | 5̣43234 | 5.3105̣ | 5̣3217̣1 | 6̣006̣ |
| 5̣13542 | 1 ‖

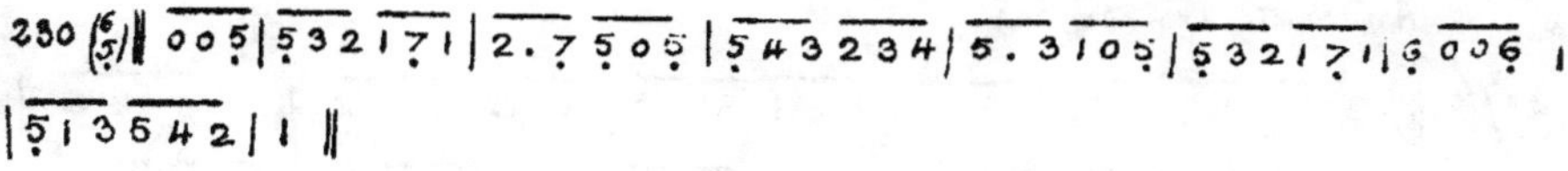

And^te (M90) Ton de Mi

231 (5/1) ‖ 003 | 1.31.3 | 54 | 2342.3 | 1 . . 3 | 1.31.3 | 54 | 2342.3 |
| 1 . . 2 | 2.31.2 | 32.1 | 234543 | 32.3 | 1.31.3 | 5 4 |
| 2342.3 | 10 ‖

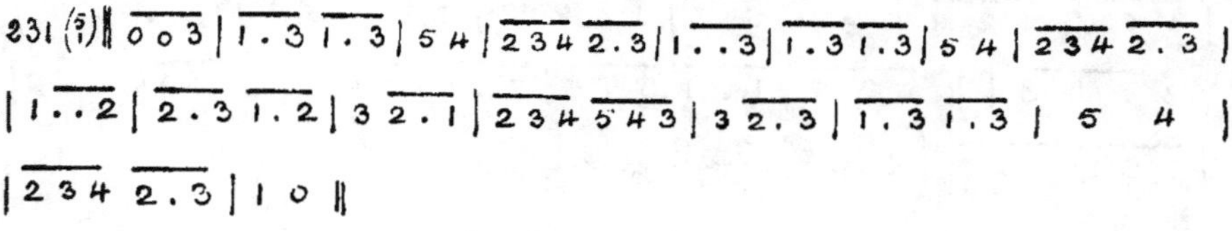

Groupe 2

Mod^to Ton de Fa.

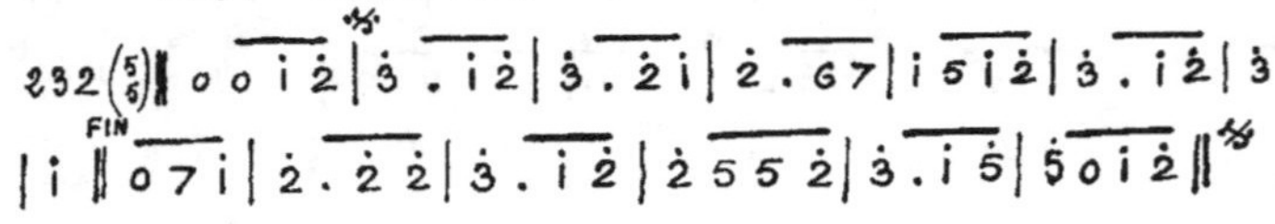

232 ‖ 0 0 1 2 | 3 . 1 2 | 3 . 2 1 | 2 . 6 7 | 1 5 1 2 | 3 . 1 2 | 3 . 2 3 | 4 . 2 3 |
| 1 ‖ FIN 0 7 1 | 2 . 2 2 | 3 . 1 2 | 2 5 5 2 | 3 . 1 5 | 5 0 1 2 ‖

And^te Ton de La.

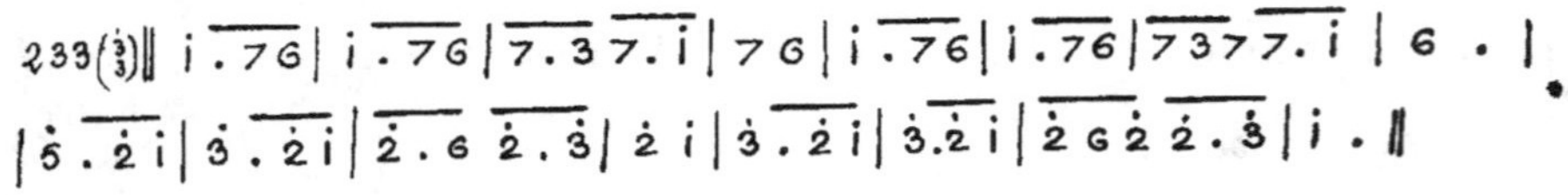

233 ‖ 1 . 7 6 | 1 . 7 6 | 7 . 3 7 . 1 | 7 6 | 1 . 7 6 | 1 . 7 6 | 7 3 7 7 . 1 | 6 . |
| 5 . 2 1 | 3 . 2 1 | 2 . 6 2 . 3 | 2 1 | 3 . 2 1 | 3 . 2 1 | 2 6 2 2 . 3 | 1 . ‖

And^te Ton de La.

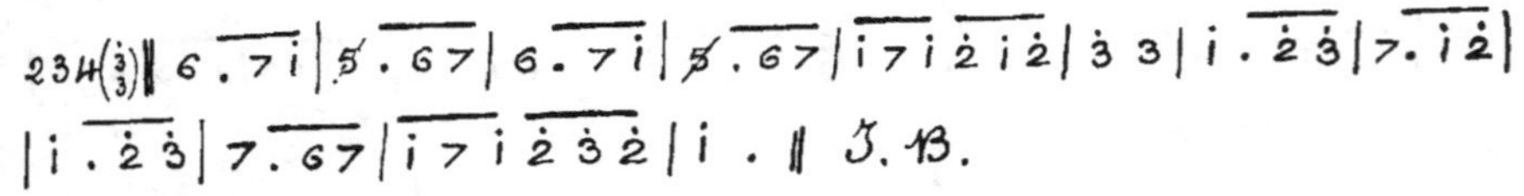

234 ‖ 6 . 7 1 | 5 . 6 7 | 6 . 7 1 | 5 . 6 7 | 1 7 1 2 1 2 | 3 3 | 1 . 2 3 | 7 . 1 2 |
| 1 . 2 3 | 7 . 6 7 | 1 7 1 2 3 2 | 1 . ‖ J. B.

All^o Ton de Sol.

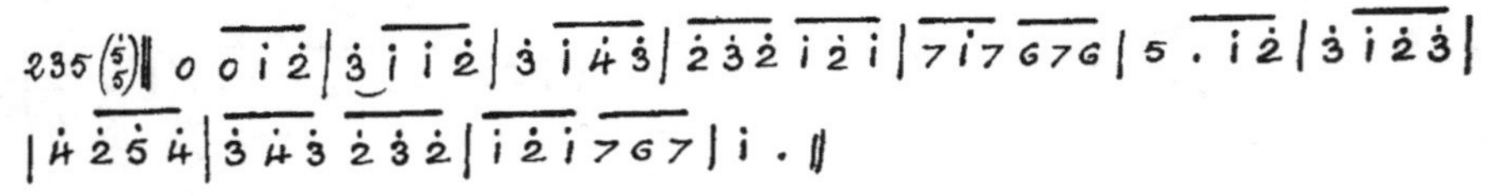

235 ‖ 0 0 1 2 | 3 1 1 2 | 3 1 4 3 | 2 3 2 1 2 1 | 7 1 7 6 7 6 | 5 . 1 2 | 3 1 2 3 |
| 4 2 5 4 | 3 4 3 2 3 2 | 1 2 1 7 6 7 | 1 . ‖

All^o Ton de Mi.

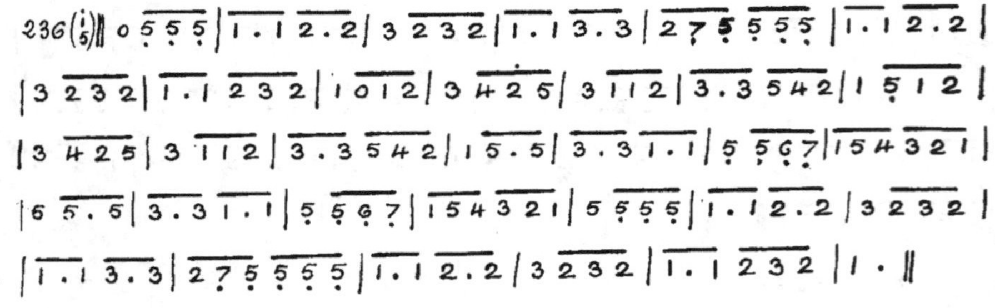

236 ‖ 0 5 5 5 | 1 . 1 2 . 2 | 3 2 3 2 | 1 . 1 3 . 3 | 2 7 5 5 5 5 | 1 . 1 2 . 2 |
3 2 3 2	1 . 1 2 3 2	1 0 1 2	3 4 2 5	3 1 1 2	3 . 3 5 4 2	1 5 1 2
3 4 2 5	3 1 1 2	3 . 3 5 4 2	1 5 . 5	3 . 3 1 . 1	5 5 6 7	1 5 4 3 2 1
6 5 . 5	3 . 3 1 . 1	5 5 6 7	1 5 4 3 2 1	5 5 5 5	1 . 1 2 . 2	3 2 3 2
1 . 1 3 . 3	2 7 5 5 5 5	1 . 1 2 . 2	3 2 3 2	1 . 1 2 3 2	1 . ‖

Andante, Ton de Sol.

237 ‖ 3 . 4 3 | 2 . 3 2 | 1 . 1 3 . 5 | 2 . 2 2 1 2 | 3 . 4 3 |
2 . 3 2	1 3 1 7 6 7	1 .	5 . 6 7	1 . 2 3	2 . 3 4
3 5 3 1 3 1	5 . 6 7	1 . 2 3	2 3 4 3 2 1	5 . 4 4
3 . 4 3	2 . 3 2	1 . 1 3 . 5	2 . 2 2 1 2	3 . 4 3	2 . 3 2
1 3 1 7 6 7	1 . ‖ Dalayrac.

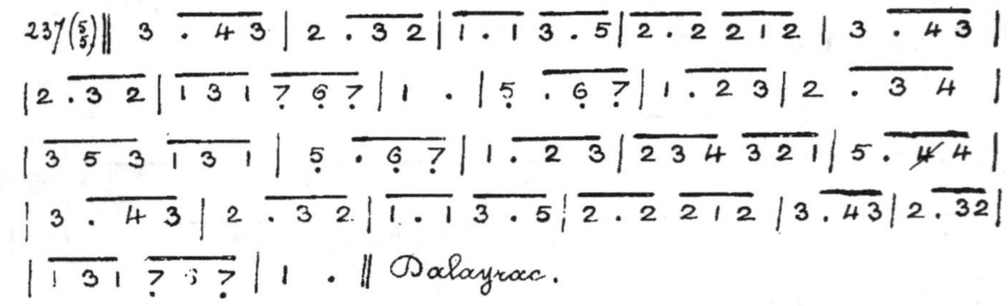

All° Ton de Fa.

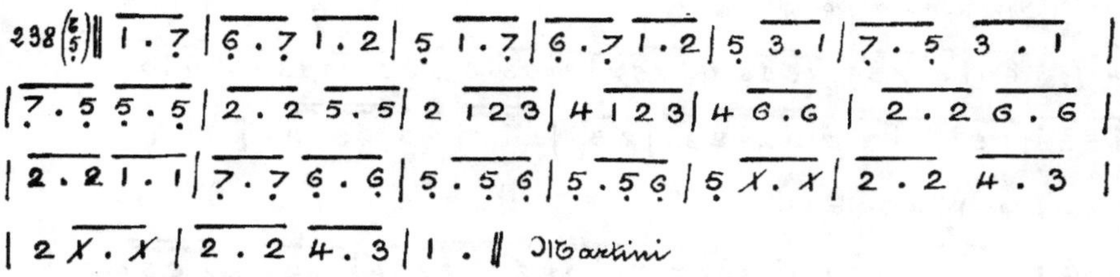

238 (6/5) ‖ 1 . 7 | 6 . 7 1 . 2 | 5 1 . 7 | 6 . 7 1 . 2 | 5 3 . 1 | 7 . 5 3 . 1 |
| 7 . 5 5 . 5 | 2 . 2 5 . 5 | 2 1 2 3 | 4 1 2 3 | 4 6 . 6 | 2 . 2 6 . 6 |
| 2 . 2 1 . 1 | 7 . 7 6 . 6 | 5 . 5 6 | 5 . 5 6 | 5 X . X | 2 . 2 4 . 3 |
| 2 X . X | 2 . 2 4 . 3 | 1 . ‖ Martini

Andte. Ton de Sol

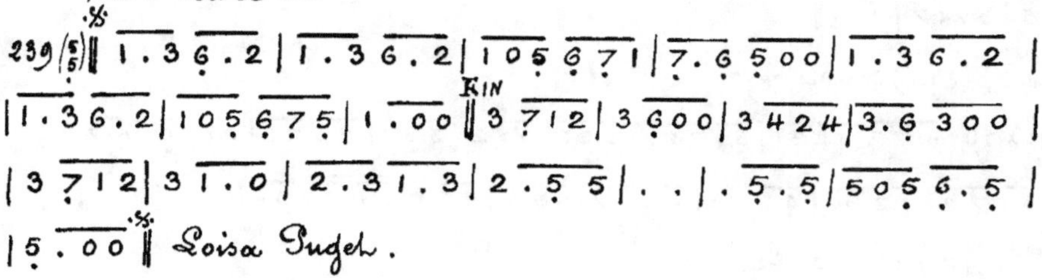

239 (5/5) ‖ 1 . 3 6 . 2 | 1 . 3 6 . 2 | 1 0 5 6 7 1 | 7 . 6 5 0 0 | 1 . 3 6 . 2 |
| 1 . 3 6 . 2 | 1 0 5 6 7 5 | 1 . 0 0 ‖ FIN 3 7 1 2 | 3 6 0 0 | 3 4 2 4 | 3 . 6 3 0 0 |
| 3 7 1 2 | 3 1 . 0 | 2 . 3 1 . 3 | 2 . 5 5 | . . | . 5 . 5 | 5 0 5 6 . 5 |
| 5 . 0 0 ‖ Loisa Puget.

6e Partie. – Division bino-ternaire. Section A

Étude de la Coupe [5 5 5 5 / ta fa té fé] et des Coupes précédentes.

Modto (M. 100) Ton de Sol.

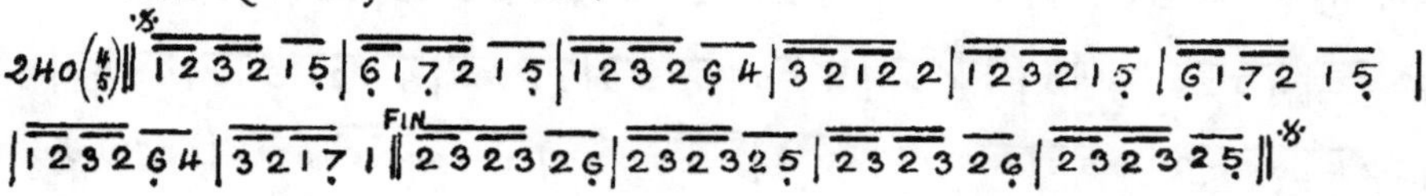

240 (4/5) ‖ 1 2 3 2 1 5 | 6 1 7 2 1 5 | 1 2 3 2 6 4 | 3 2 1 2 2 | 1 2 3 2 1 5 | 6 1 7 2 1 5 |
| 1 2 3 2 6 4 | 3 2 1 7 1 ‖ FIN 2 3 2 3 2 6 | 2 3 2 3 2 5 | 2 3 2 3 2 6 | 2 3 2 3 2 5 ‖

(M. 112) Ton de Fa.

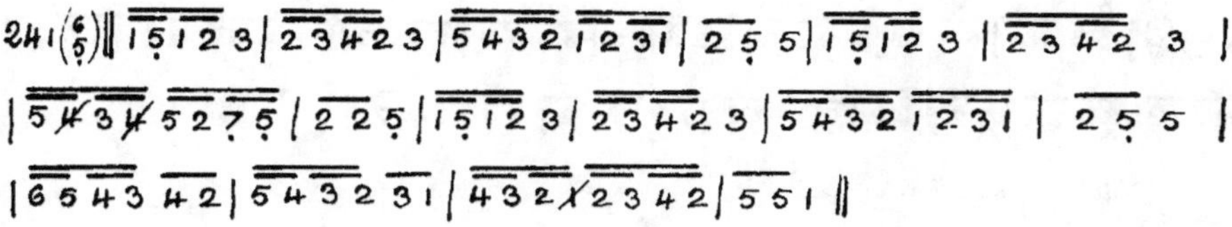

241 (6/5) ‖ 1 5 1 2 3 | 2 3 4 2 3 | 5 4 3 2 1 2 3 1 | 2 5 5 | 1 5 1 2 3 | 2 3 4 2 3 |
| 5 4 3 4 5 2 7 5 | 2 2 5 | 1 5 1 2 3 | 2 3 4 2 3 | 5 4 3 2 1 2 3 1 | 2 5 5 |
| 6 5 4 3 4 2 | 5 4 3 2 3 1 | 4 3 2 X 2 3 4 2 | 5 5 1 ‖

(M 100) Ton de Sol

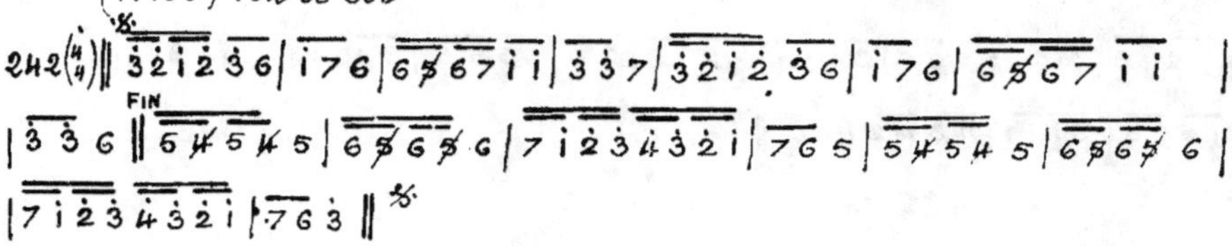

242 (4/4) ‖ 3 2 1 2 3 6 | 1 7 6 | 6 5 6 7 1 1 | 3 3 7 | 3 2 1 2 3 6 | 1 7 6 | 6 5 6 7 1 1 |
| 3 3 6 ‖ FIN 5 4 5 4 5 | 6 5 6 5 6 | 7 1 2 3 4 3 2 1 | 7 6 5 | 5 4 5 4 5 | 6 5 6 5 6 |
| 7 1 2 3 4 3 2 1 | 7 6 3 ‖

(M. 100) Ton de Sol.

243 (2/2) ‖ 5 6 7 1 5 6 7 1 | 2 6 6 | 6 5 4 3 2 3 4 5 | 6 5 5 | 5 6 7 1 5 6 7 1 | 2 6 6 |
| 6 5 4 3 2 3 4 5 | 6 7 1 ‖ FIN 7 1 7 6 5 6 7 1 | 6 3 3 | 6 7 6 5 4 5 6 7 | 5 2 2 ‖

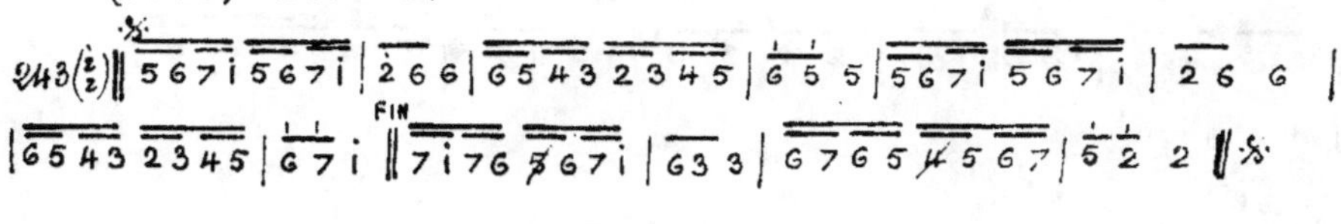

(M100) Ton de Sol.

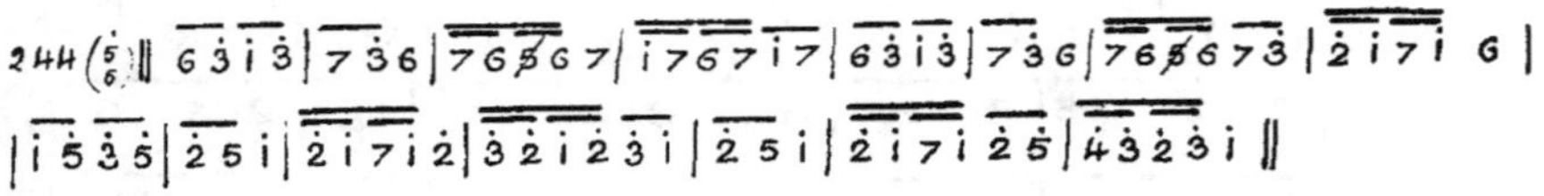

244 (5/6) ‖ 6 3 1 3 | 7 3 6 | 7 6 5 6 7 | 1 7 6 7 1 7 | 6 3 1 3 | 7 3 6 | 7 6 5 6 7 3 | 2 1 7 1 6 |
| 1 5 3 5 | 2 5 1 | 2 1 7 1 2 | 3 2 1 2 3 1 | 2 5 1 | 2 1 7 1 2 5 | 4 3 2 3 1 ‖

(M 100) Ton de Fa.

245 (4/5) ‖ 0 3 2 3 4 | 3 3 2 1 | 7 6 5 6 7 | 5 1 2 3 4 2 | 3 1 3 2 3 4 | 3 3 2 1 | 7 6 5 6 7 |
| 5 1 3 2 1 7 | 1 . ‖

(M100) Ton de Fa.

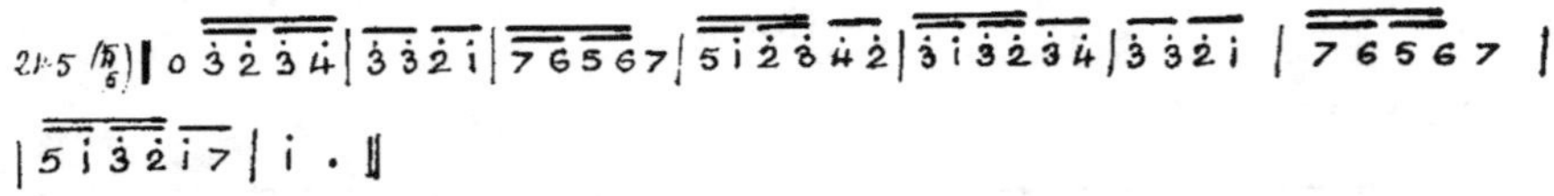

246 (5/5) ‖ 5 1 7 2 | 1 2 3 1 | 5 1 7 2 | 1 2 3 1 | 5 5 2 | 3 3 1 | 2 3 2 1 | 7 1 7 5 | 5 2 2 |
| 5 1 7 2 | 1 2 3 1 | 6 2 1 3 | 2 3 4 2 | 6 6 2 | 5 5 1 | 4 4 3 2 3 4 | 3 2 | 1 . ‖

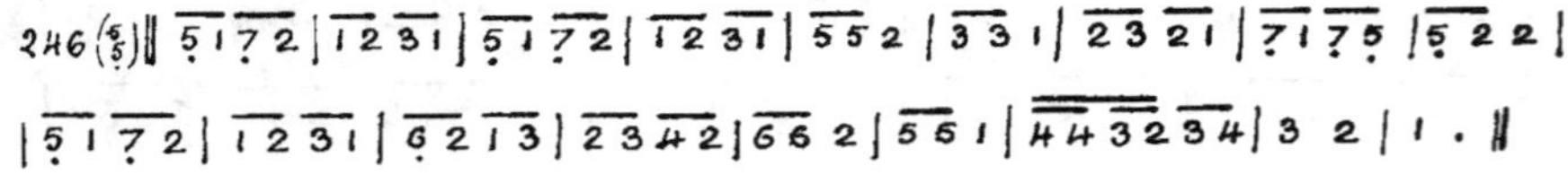

(M. 100) Ton de Sol.

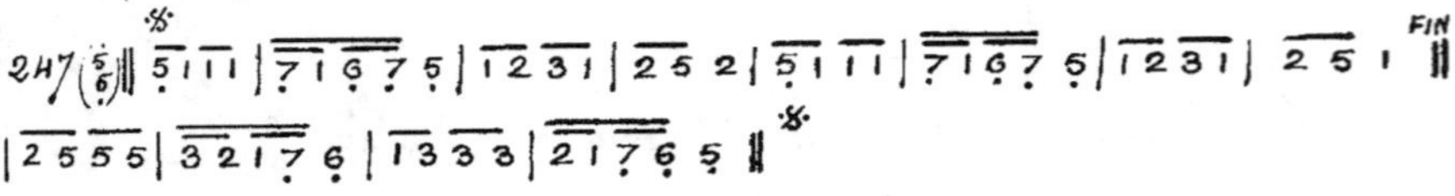

247 (5/6) ‖ 𝄋 5 1 1 1 | 7 1 6 7 5 | 1 2 3 1 | 2 5 2 | 5 1 1 1 | 7 1 6 7 5 | 1 2 3 1 | 2 5 1 ‖ FIN
| 2 5 5 5 | 3 2 1 7 6 | 1 3 3 3 | 2 1 7 6 5 ‖ 𝄋

All° (M. 112) Ton de Ré

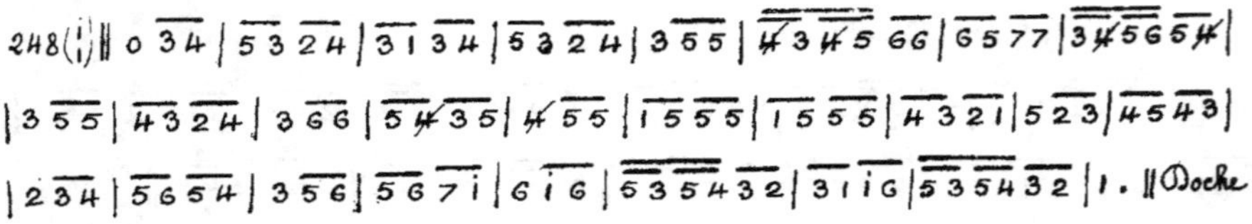

248 (1/1) ‖ 0 3 4 | 5 3 2 4 | 3 1 3 4 | 5 3 2 4 | 3 5 5 | 4 3 4 5 6 6 | 6 5 7 7 | 3 4 5 6 5 4 |
| 3 5 5 | 4 3 2 4 | 3 6 6 | 5 4 3 5 | 4 5 5 | 1 5 5 5 | 1 5 5 5 | 4 3 2 1 | 5 2 3 | 4 5 4 3 |
| 2 3 4 | 5 6 5 4 | 3 5 6 | 5 6 7 1 | 6 1 6 | 5 3 5 4 3 2 | 3 1 1 6 | 5 3 5 4 3 2 | 1 . ‖ Doche

(M. 112) Ton de Sol.

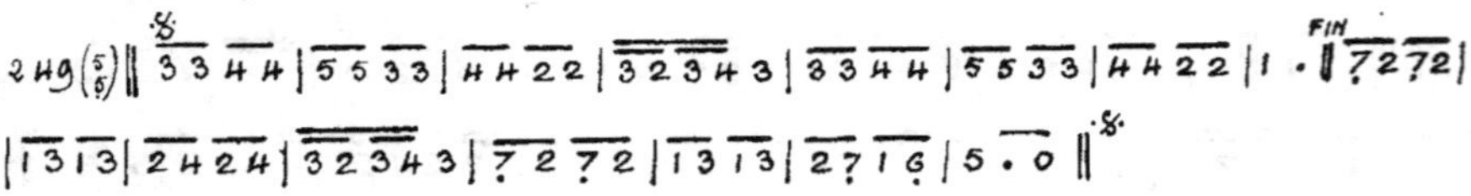

249 (5/5) ‖ 𝄋 3 3 4 4 | 5 5 3 3 | 4 4 2 2 | 3 2 3 4 3 | 3 3 4 4 | 5 5 3 3 | 4 4 2 2 | 1 . ‖ FIN 7 2 7 2 |
| 1 3 1 3 | 2 4 2 4 | 3 2 3 4 3 | 7 2 7 2 | 1 3 1 3 | 2 7 1 6 | 5 . 0 ‖ 𝄋

All° (M. 112) Ton de Sol.

250 (5/5) ‖ 1 5 5 5 | 3 1 1 1 | 5 3 1 3 | 2 1 2 3 2 | 1 5 5 5 | 3 1 1 1 | 5 3 4 2 | 1 0 | 5 5 5 5 | 3 1 1 1 |
| 7 2 1 3 | 3 2 | 5 5 5 5 | 3 1 1 1 | 7 2 1 3 | 2 0 | 1 5 5 5 | 3 1 1 1 | 5 3 1 3 | 2 1 2 3 2 |
| 1 5 5 5 | 3 1 1 1 | 5 3 4 2 | 1 0 ‖

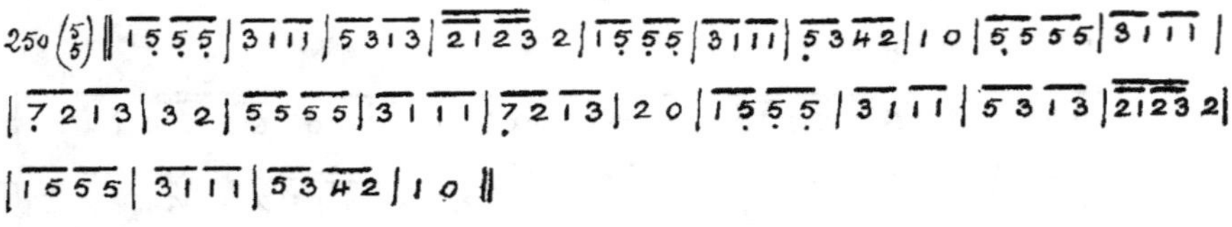

(M. 100) Ton de Fa.

251 (6/5) ‖ 0 1 1 | 2 2 3 3 | 2 1 1 | 2 3 4 2 1 7 | 1 5 5 3 | 6 4 5 3 | 6 5 3 |
| 6 5 4 3 | 3 2 1 1 | 2 2 3 3 | 2 1 1 | 2 3 4 2 1 7 |
| 1 . ‖

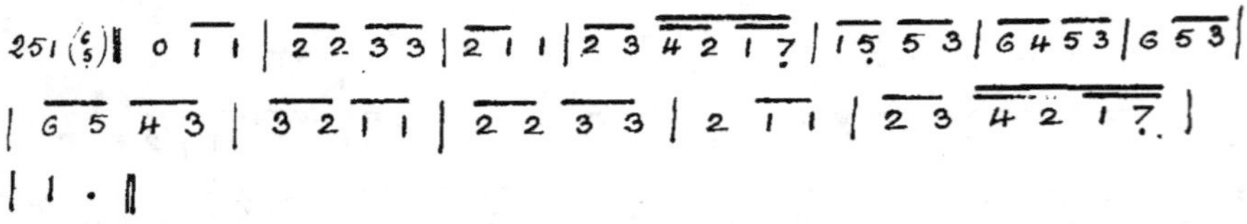

All.° (M 120) Ton de Sol.

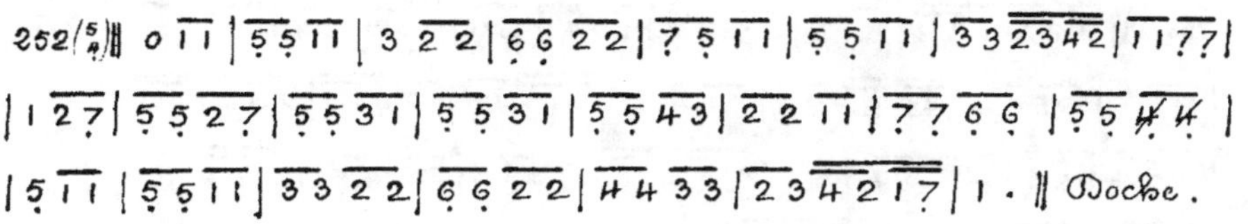

252 (5/4) ‖ 0 1 1 | 5 5 1 1 | 3 2 2 | 6 6 2 2 | 7 5 1 1 | 5 5 1 1 | 3 3 2 3 4 2 | 1 1 7 7 |
| 1 2 7 | 5 5 2 7 | 5 5 3 1 | 5 5 3 1 | 5 5 4 3 | 2 2 1 1 | 7 7 6 6 | 5 5 4 4 |
| 5 1 1 | 5 5 1 1 | 3 3 2 2 | 6 6 2 2 | 4 4 3 3 | 2 3 4 2 1 7 | 1 . ‖ Dockc.

7e Partie. Section A.

Étude de la Coupe [5 5 5 / ta té fé] et des Coupes précédentes.

All.° (M. 100) Ton de Ré

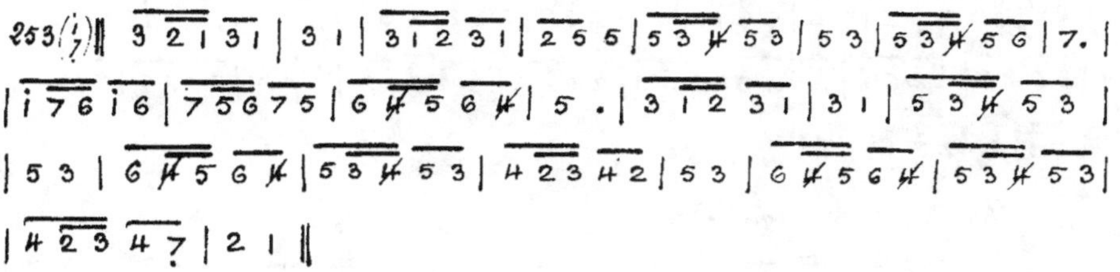

253 (1/7) ‖ 3 2 1 3 1 | 3 1 | 3 1 2 3 1 | 2 5 5 | 5 3 4 5 3 | 5 3 | 5 3 4 5 6 | 7. |
| 1 7 6 1 6 | 7 5 6 7 5 | 6 4 5 6 4 | 5 . | 3 1 2 3 1 | 3 1 | 5 3 4 5 3 |
| 5 3 | 6 4 5 6 4 | 5 3 4 5 3 | 4 2 3 4 2 | 5 3 | 6 4 5 6 4 | 5 3 4 5 3 |
| 4 2 3 4 7 | 2 1 ‖

(M 100) Ton de Sol.

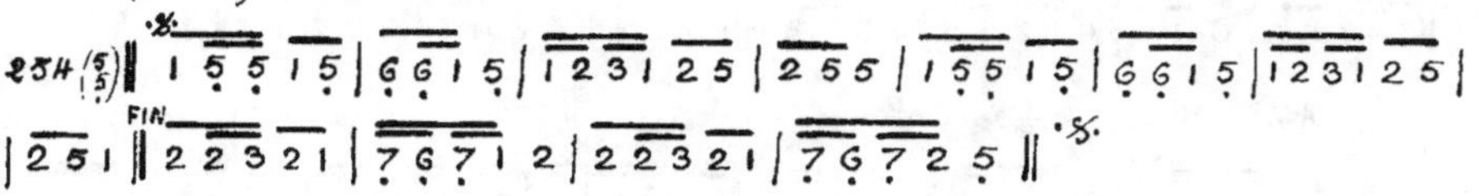

254 (5/5) ‖ 1 5 5 1 5 | 6 6 1 5 | 1 2 3 1 2 5 | 2 5 5 | 1 5 5 1 5 | 6 6 1 5 | 1 2 3 1 2 5 |
| 2 5 1 ‖ FIN 2 2 3 2 1 | 7 6 7 1 2 | 2 2 3 2 1 | 7 6 7 2 5 ‖ 𝄋

(M 100) Ton de Mi.

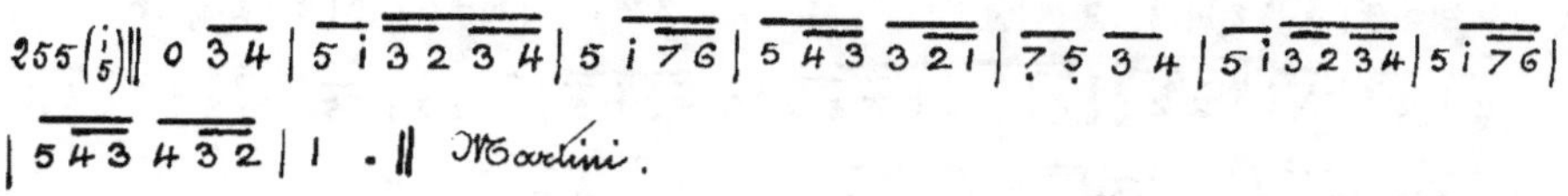

255 (1/5) ‖ 0 3 4 | 5 1 3 2 3 4 | 5 1 7 6 | 5 4 3 3 2 1 | 7 5 3 4 | 5 1 3 2 3 4 | 5 1 7 6 |
| 5 4 3 4 3 2 | 1 . ‖ Martini.

(M. 100) Ton de Fa.

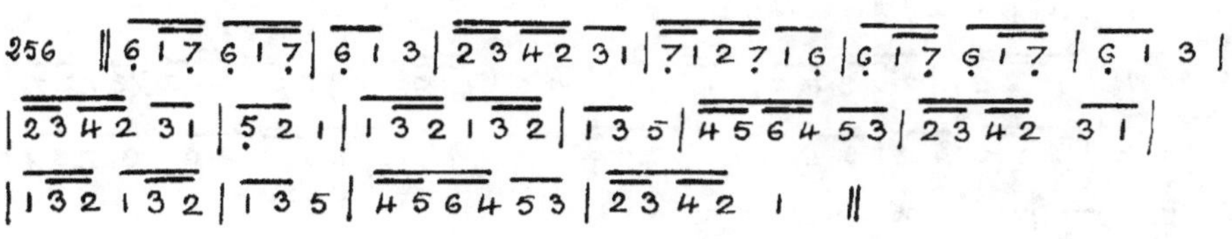

256 ‖ 6 1 7 6 1 7 | 6 1 3 | 2 3 4 2 3 1 | 7 1 2 7 1 6 | 6 1 7 6 1 7 | 6 1 3 |
| 2 3 4 2 3 1 | 5 2 1 | 1 3 2 1 3 2 | 1 3 5 | 4 5 6 4 5 3 | 2 3 4 2 3 1 |
| 1 3 2 1 3 2 | 1 3 5 | 4 5 6 4 5 3 | 2 3 4 2 1 ‖

All.° (M 120) Ton d'Ut.

257 (2/1) ‖ 1 5 | 1 5 4 3 2 1 | 5 1 2 3 4 | 5 5 5 4 3 | 2 1 1 5 | 1 5 4 3 2 1 | 5 1 7 6 2 1 |
| 7 6 5 6 | 5 5 4 5 | 6 5 4 3 | 4 4 3 4 | 5 4 3 2 | 3 1 1 1 | 1 1 2 3 4 5 |
| 4 3 5 5 | 5 6 4 3 2 | 1 . ‖ Monsigny

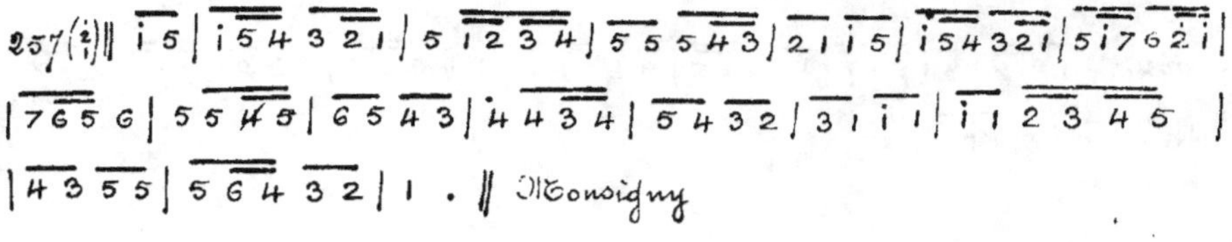

(M 100) Ton de Mer.

258 (1/5) ‖ 1 3 2 1 3 4 | 5 1 5 | 6 2 4 7 | 1 7 1 2 3 5 | 1 3 2 1 3 4 | 5 1 7 | 6 7 1 6 7 5 |
| 6 #4 5 | 6 5 5 4 | 4 3 2 x 2 5 | 5 4 4 3 | 3 2 1 7 1 5 | 1 7 6 2 1 | 7 3 2 1 4 3 |
| 2 5 4 3 6 5 | #4 2 3 #4 | 5 . | 1 3 2 1 3 4 | 5 1 5 | 6 2 4 7 | 1 7 1 2 3 5 |
| 1 3 2 1 3 4 | 5 1 7 | 6 7 1 6 7 5 | 6 7 1 ‖

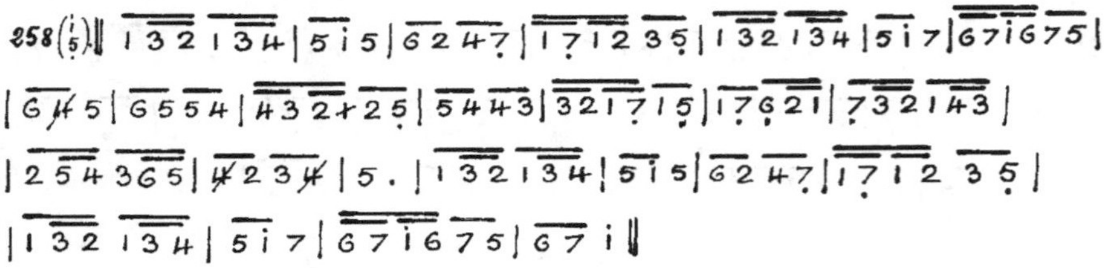

(M 100) Ton de La.

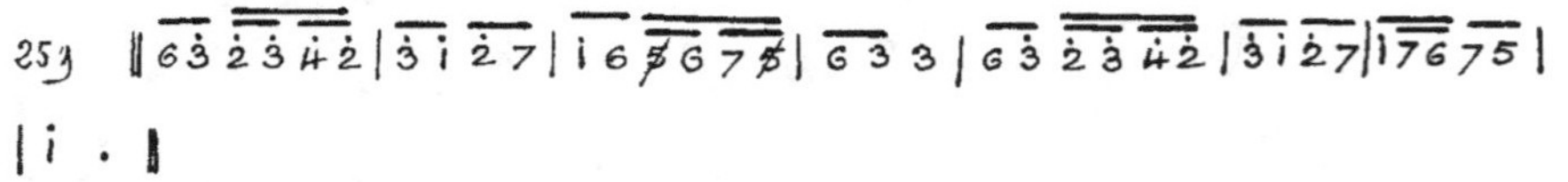

259 ‖ 6 3 2 3 4 2 | 3 1 2 7 | 1 6 5 6 7 5 | 6 3 3 | 6 3 2 3 4 2 | 3 1 2 7 | 1 7 6 7 5 |
| 1 . ‖

All° (M 100) Ton de Sol.

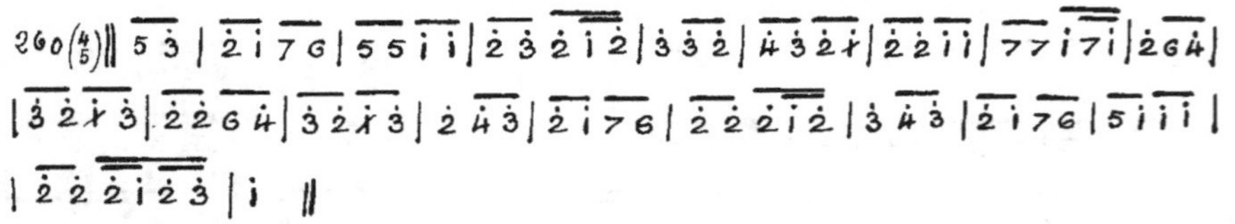

260 (4/5) ‖ 5 3 | 2 1 7 6 | 5 5 1 1 | 2 3 2 1 2 | 3 3 2 | 4 3 2 x | 2 2 1 1 | 7 7 1 7 1 | 2 6 4 |
| 3 2 x 3 | 2 2 6 4 | 3 2 x 3 | 2 4 3 | 2 1 7 6 | 2 2 2 1 2 | 3 4 3 | 2 1 7 6 | 5 1 1 1 |
| 2 2 2 1 2 3 | 1 ‖

And^te (M. 88) Ton de Fa.

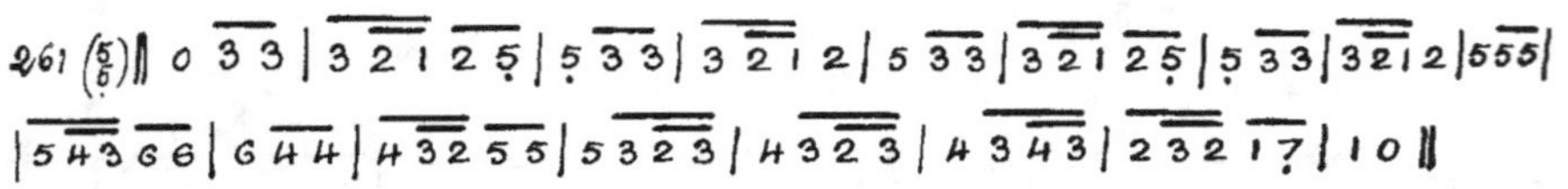

261 (5/5) ‖ 0 3 3 | 3 2 1 2 5 | 5 3 3 | 3 2 1 2 | 5 3 3 | 3 2 1 2 5 | 5 3 3 | 3 2 1 2 | 5 5 5 |
| 5 4 3 6 6 | 6 4 4 | 4 3 2 5 5 | 5 3 2 3 | 4 3 2 3 | 4 3 4 3 | 2 3 2 1 7 | 1 0 ‖

All° (M 100) Ton de Sol.

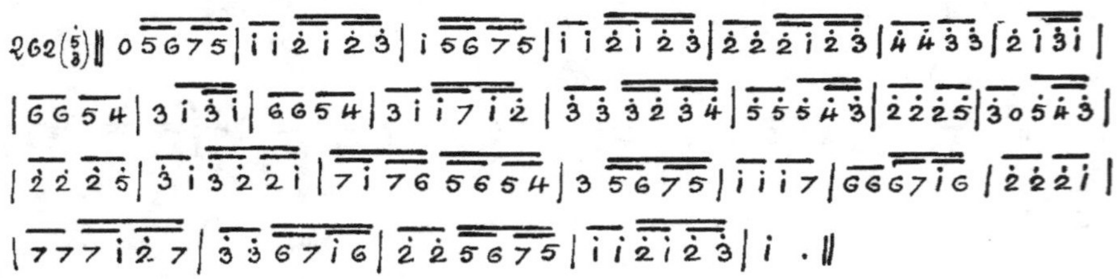

262 (5/3) ‖ 0 5 6 7 5 | 1 1 2 1 2 3 | 1 5 6 7 5 | 1 1 2 1 2 3 | 2 2 2 1 2 3 | 4 4 3 3 | 2 1 3 1 |
| 6 6 5 4 | 3 1 3 1 | 6 6 5 4 | 3 1 1 7 1 2 | 3 3 3 2 3 4 | 5 5 5 4 3 | 2 2 2 5 | 3 0 5 4 3 |
| 2 2 2 5 | 3 1 3 2 2 1 | 7 1 7 6 5 6 5 4 | 3 5 6 7 5 | 1 1 1 7 | 6 6 6 7 1 6 | 2 2 2 1 |
| 7 7 7 1 2 7 | 3 3 6 7 1 6 | 2 2 5 6 7 5 | 1 1 2 1 2 3 | 1 . ‖

All° (M 120) Ton de Sol.

263 (5/5) ‖ 𝄋 1 1 2 3 1 | 2 2 3 4 2 | 1 1 2 3 1 | 7 6 5 | 1 1 2 3 1 | 2 2 3 4 2 | 3 1 2 7 |
| 1 0 ‖ FIN 2 2 3 4 2 | 3 5 3 1 | 7 7 6 7 5 | 1 1 | 2 2 3 4 2 | 3 5 3 1 |
| 7 6 2 2 | 5 . ‖ 𝄋

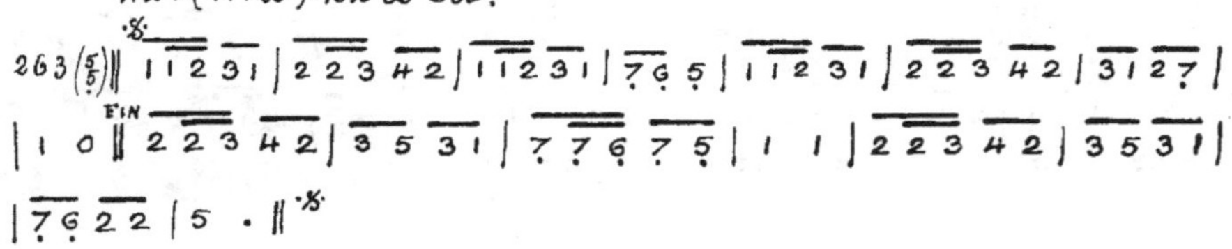

And^te (M 88) Ton de Fa.

264 (4/5) ‖ 1 1 2 | 𝄋 3 1 2 1 7 | 1 5 1 1 2 | 3 1 2 1 7 | 1 ‖ FIN 2 2 3 | 4 3 2 1 | 7 6 7 1 2 1 7 |
| 6 6 2 2 | 5 1 1 2 ‖ 𝄋

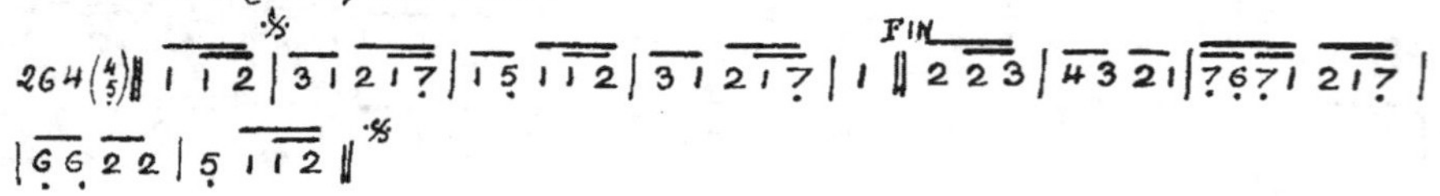

Ton de Fa.

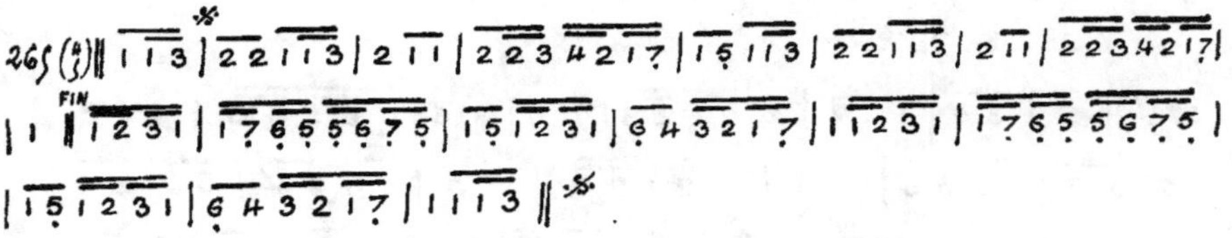

265 (4/3) ‖ 1 1 3 | 𝄋 2 2 1 1 3 | 2 1 1 | 2 2 3 4 2 1 7 | 1 5 1 1 3 | 2 2 1 1 3 | 2 1 1 | 2 2 3 4 2 1 7 |

| 1 ‖ FIN 1 2 3 1 | 1 7 6 5 5 6 7 5 | 1 5 1 2 3 1 | 6 4 3 2 1 7 | 1 1 2 3 1 | 1 7 6 5 5 6 7 5 |

| 1 5 1 2 3 1 | 6 4 3 2 1 7 | 1 1 1 3 ‖ 𝄋

All° (M 120) Ton de Mi.

266 (1/5) ‖ 0 1 2 | 3 4 3 2 3 2 | 1 5 1 2 | 3 4 3 2 3 2 | 1 0 5 5 | 6 7 1 2 | 3 1 3 | 2 7 2 1 7 6 |

| 5 5 5 | 6 5 4 4 | 5 4 3 5 | 4 4 3 3 | 2 1 2 | 3 4 3 2 3 2 | 1 5 1 2 | 3 4 3 2 3 2 |

| 1 2 3 | 4 4 5 5 | 6 6 1 6 | 5 3 5 4 3 2 | 3 1 6 | 5 3 5 4 3 2 | 1 0 ‖ Doche

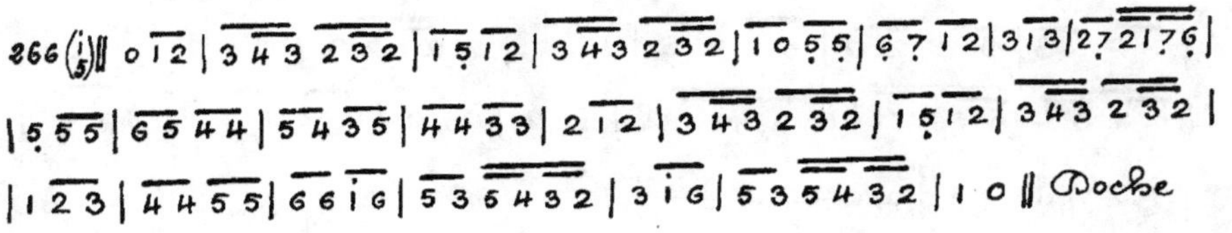

All° (M 120) Ton de Fa.

267 (4/6) ‖ 0 6 1 7 | 6 3 3 2 | 1 7 6 1 7 | 6 7 6 5̸ | 6 6 1 7 | 6 3 3 2 | 1 7 6 1 7 | 6 7 6 5̸ |

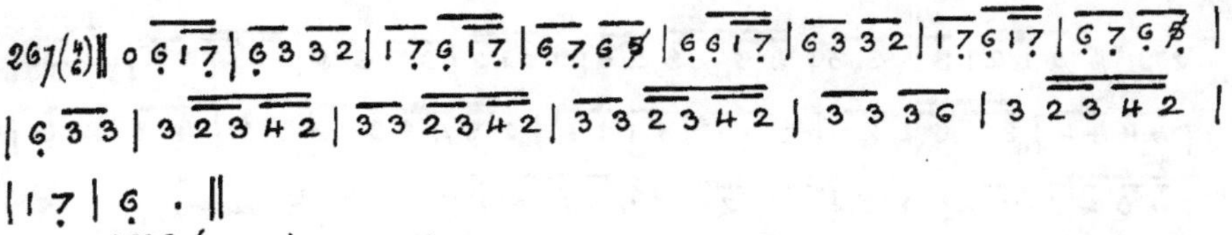

| 6 3 3 | 3 2 3 4 2 | 3 3 2 3 4 2 | 3 3 2 3 4 2 | 3 3 3 6 | 3 2 3 4 2 |

| 1 7 | 6 . ‖

All° (M 120) Ton de Mi.

268 (1/5) ‖ 0 5 | 𝄋 1 3 1 3 | 5 4̸ 5 6 5 1 | 3 5 1 3 | 2 1 2 3 2 5 | 1 3 1 3 | 5 4̸ 5 6 5 1 |

| 5 3 2 1 2 3 | 1 0 2 3 | 4 4 4 4 | 3 4 5 3 1 2 3 | 4 4 4 4 | 3 0 5 | 4 5 6 7 1 1 |

| 7 1 2 7 5 5 | 6 7 1 6 4̸ 5 6 4̸ | 5 . 5 ‖ 𝄋

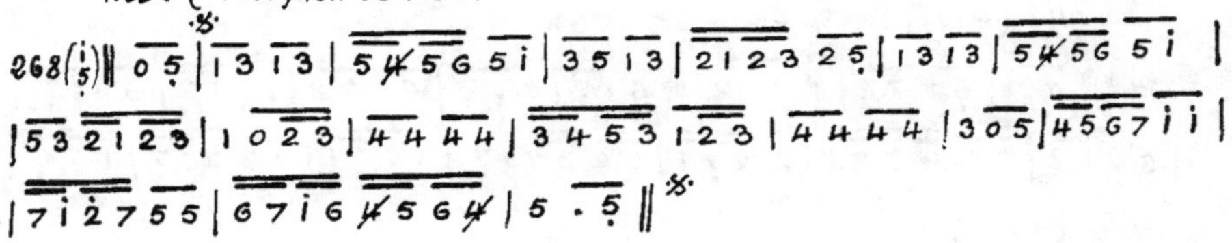

All° (M 100) Ton de La.

269 (5/3) ‖ 0 3 | 𝄋 6 1 7 6 | 3 4 | 3 2 1 7 | 1 7 1 2 1 3 | 6 1 7 6 | 3 4 |

| 3 2 1 7 | 6 0 3 | 7 3 7 3 | 1 7. 1 2 1 6 | 7 7 1 1 | 7 0 3 | 7 3 7 3 |

| 1 7 1 2 1 1 | 2 2 2 1 2 3 | 1 . 3 | 5 2 2 | 3 1 1 | 2 5 5 6 7 |

| 1 . 3 | 5 2 2 | 3 1 1 | 2 2 2 1 2 3 | 1 0 3 | 3 . 3 | 3 3 3 3 |

| 3 . 3 ‖ 𝄋 Méhul

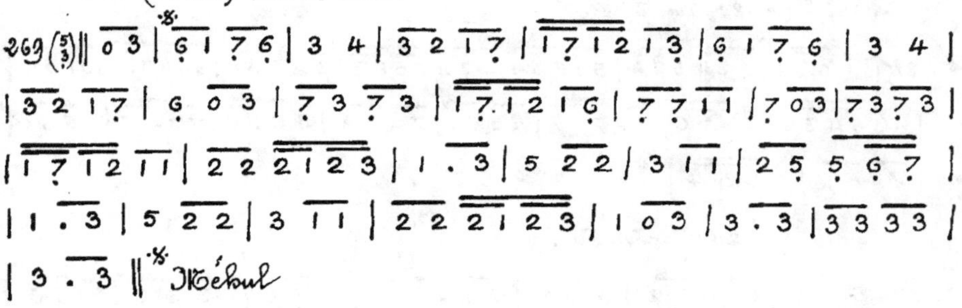

All°. Ton d'Ut.

270 (1/3) ‖ 6 7 1 | 7 3 | 6 7 1 6 | 7 7 1 7 | 6 7 1 | 7 3 | 6 7 1 6 | 7 . | 6 6 6 | 5̸ 5̸ |

| 6 6 5 4 | 3 3 4̸ 5̸ 3 | 6 6 6 | 5̸ 5̸ | 6 6 3 3 | 6 . ‖

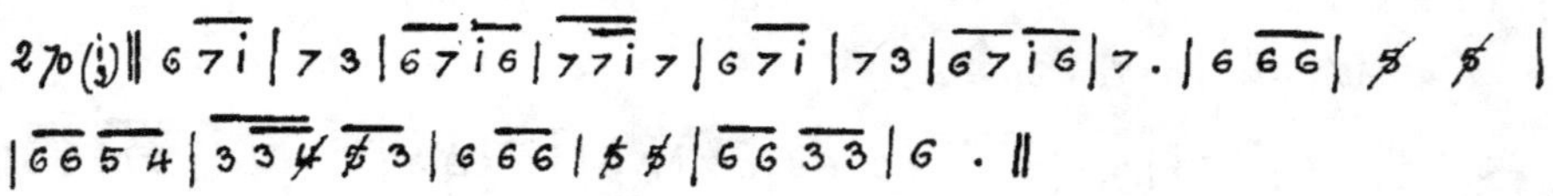

(M. 144) Ton de Sol.

271 (6/5) ‖ 5 5 3 5 5 4 | 3 2 1 3 2 7 5 | 5 5 3 5 5 4 | 3 2 1 3 2 | 2 3 4 3 4 5 | 4 3 4 2 1 2 3 1 | 2 3 4 3 4 5 |

| 4 3 4 2 1 . ‖

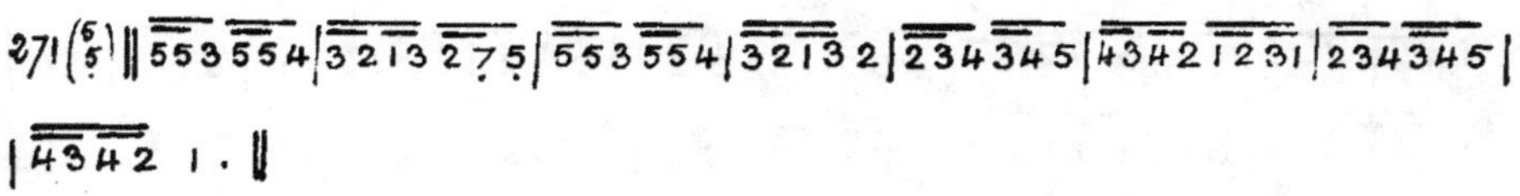

Andte Ton de Ré.

272 (1/1) ‖ 5 i 3 5 | 1 . i | 2 2 1 2 3 | 1 0 | 4 6 | 5 6 5 4 3 | 2 3 |
2 0 5	5 i 3 5	1 1	2 2 1 2 3	1 0	i 4 4 4	5 7 3 6
5 4	5 0	5 6 7	i . 5	4 4 3 4 5	3 0	i i . 7	. 6 . 5
. 4 . 3	3 2 2 0	5 i 3 5	1 . 1	2 2 1 2 3	1 0
5 4 3 4 5 6 7 i	6 5 4 3 2	1 2	3 0	i 7 6 5	6 7 i 2
i 7	i . ‖ Gaveaux.

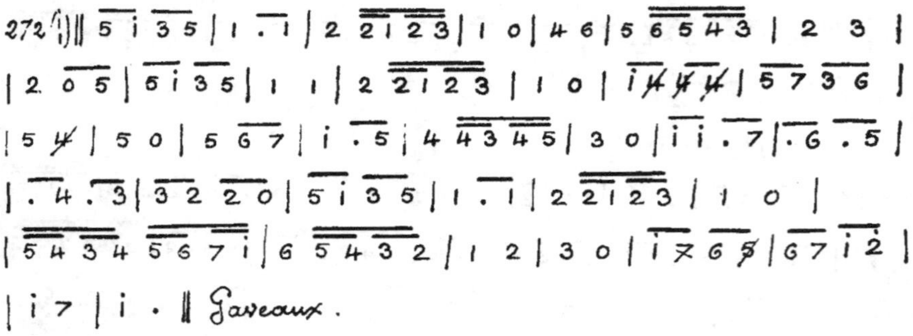

Allo (M 100) Ton de Sol.

273 (5/5) ‖ 0 1 2 | 3 3 3 3 | 4 5 4 3 2 5 | 1 0 1 2 | 3 3 3 3 | 1 2 1 7 6 2 | 5 0 2 3 |
| 4 4 4 4 | 3 4 3 2 1 5 | 2 0 5 | 1 1 1 1 | 2 3 4 3 2 5 | 3 5 | 4 3 2 3 |
| 4 5 4 3 2 5 | 3 5 | 4 3 2 3 | 4 5 4 3 2 5 | 1 ‖ Gaveaux.

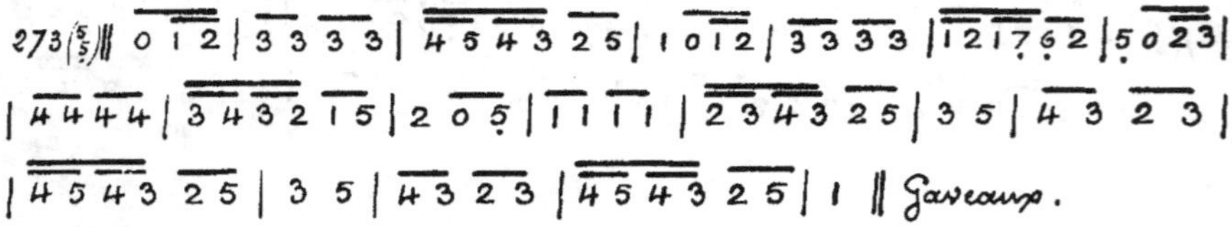

Allo (M 120) Ton de La.

274 (4/3) ‖ 0 3 | 6 1 7 2 | 1 7 1 2 | 3 6 1 7 | 6 . 3 | 6 1 7 2 | 1 7 1 2 | 3 6 1 7 |
| 6 . 1 2 | 3 3 4 3 2 4 | 2 2 7 1 | 2 2 3 2 1 7 | 1 . 7 1 | 2 2 2 1 7 | 1 7 6 |
| 7 5 | 6 . ‖

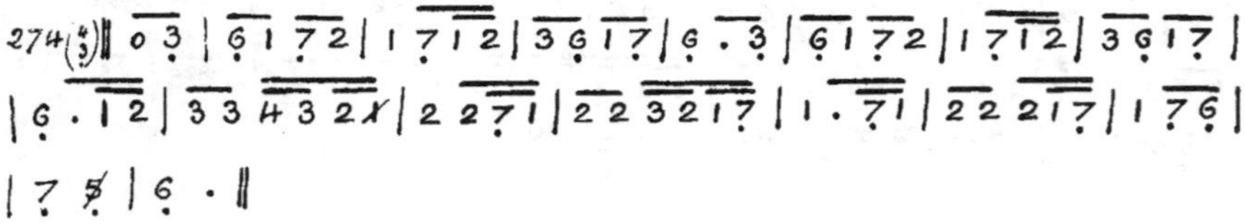

Allo (M 120) Ton de Ré.

275 (1/1) ‖ 0 3 4 | % 5 3 4 5 3 4 | 5 i 5 3 4 | 5 3 4 6 5 4 3 | 3 2 2 3 4 | 5 3 4 5 3 4 | 5 i 5 6 |
| 5 3 5 4 3 2 | 1 . FIN 5 6 | 7 7 7 i 7 | 6 6 6 i | 7 5 6 4 | 5 5 5 6 | 7 7 7 i 7 | 6 6 6 i |
| 7 5 6 4 | 5 5 3 4 ‖ %

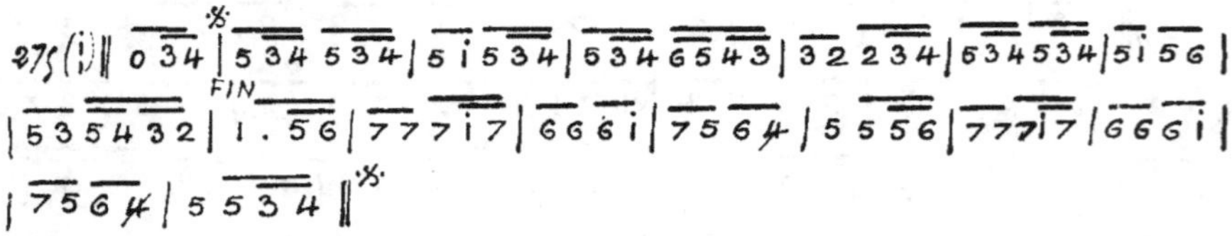

Allo (M 120) Ton de Fa.

276 (6/6) ‖ 0 6 | 6 3 3 7 | 3 3 6 | 7 2 1 7 | 1 7 1 6 6 | 6 3 3 7 | 3 3 6 |
| 7 2 1 7 | 6 . 6 | 3 . 6 | 3 5 6 | 4 3 4 | 3 2 1 7 | 6 ‖ Campra

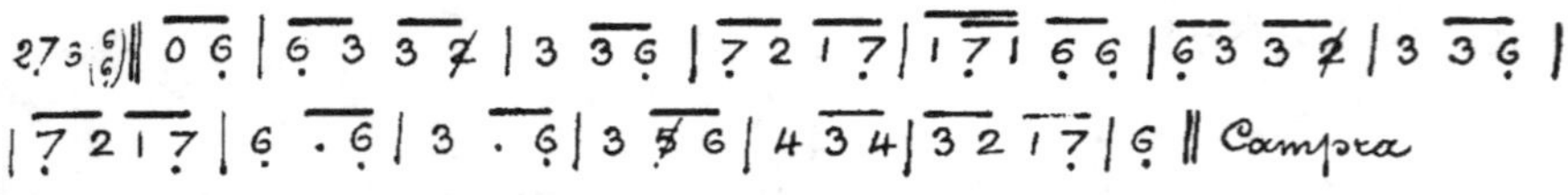

Allo (M 120) Ton de La

277 (3/3) ‖ 6 6 | 6 7 i | 6 6 | 5 6 5 4 3 | 6 6 | 6 7 i 2 3 | i 7 6 3 3 | 6 0 | i i | i 7 i 2 3 3 |
| i i | 5 6 5 4 3 | i i | i 7 i 2 3 3 | i 2 3 2 i 5 | i 0 3 | 7 7 i 2 7 | i 3 6 | 5 5 6 7 5 | 6 0 3 |
| 7 7 i 2 7 | i 3 6 | 5 5 6 7 5 | 6 3 2 i | 7 3 2 i | 7 3 2 i | 7 0 | 6 6 | 6 7 i | 6 6 |
| 5 6 5 4 3 | 6 6 | 6 7 i 2 3 | i 7 6 3 3 | 6 0 ‖ Darondeau

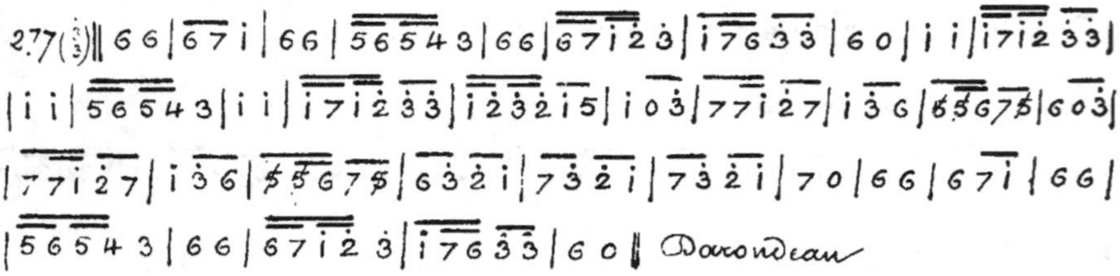

All° (M120) Ton de Fa.

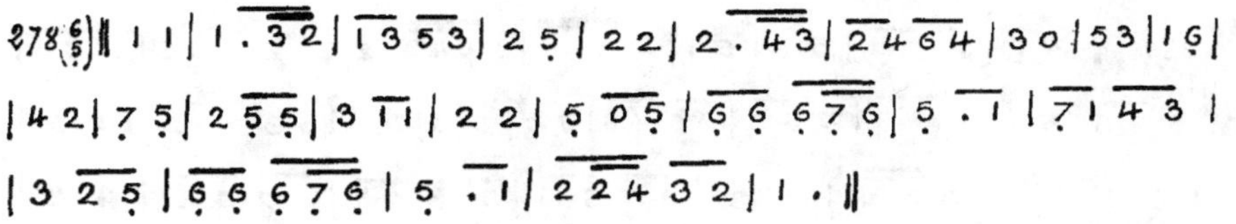

278 (6/5) ‖ 1 1 | 1 . 3 2 | 1 3 5 3 | 2 5 | 2 2 | 2 . 4 3 | 2 4 6 4 | 3 0 | 5 3 | 1 6 |
| 4 2 | 7 5 | 2 5 5 | 3 1 1 | 2 2 | 5 0 5 | 6 6 6 7 6 | 5 . 1 | 7 1 4 3 |
| 3 2 5 | 6 6 6 7 6 | 5 . 1 | 2 2 4 3 2 | 1 . ‖

8e Partie.

Étude des Coupes [5 . 5 (ta . é fé) | . . 5 (a i fé)] et des Coupes précédentes

Section A. – Airs à 2 temps.

All° (Ton d'Ut)

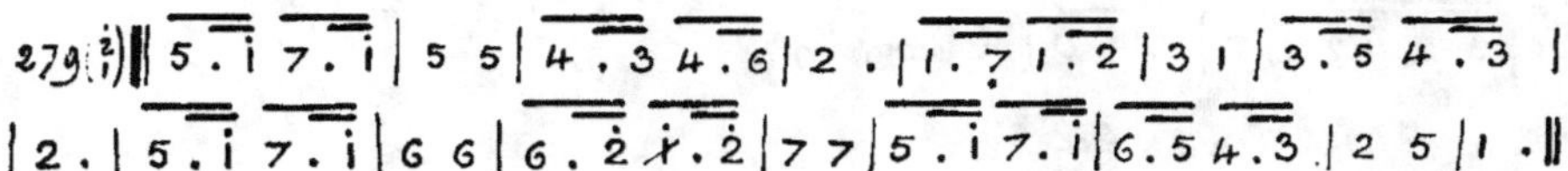

279 (2/1) ‖ 5 . 1 7 . 1 | 5 5 | 4 . 3 4 . 6 | 2 . | 1 . 7 1 . 2 | 3 1 | 3 . 5 4 . 3 |
| 2 . | 5 . 1 7 . 1 | 6 6 | 6 . 2 1 . 2 | 7 7 | 5 . 1 7 . 1 | 6 . 5 4 . 3 | 2 5 | 1 . ‖
(Doche)

And^te. Ton de Sol.

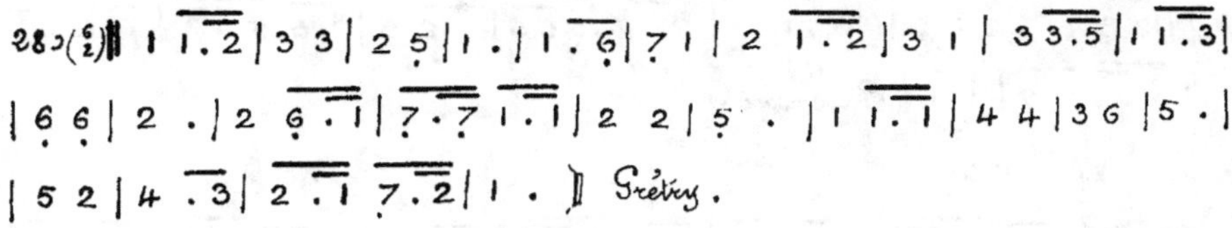

280 (6/2) ‖ 1 1 . 2 | 3 3 | 2 5 | 1 . | 1 . 6 | 7 1 | 2 1 . 2 | 3 1 | 3 3 . 5 | 1 1 . 3 |
| 6 6 | 2 . | 2 6 . 1 | 7 . 7 1 . 1 | 2 2 | 5 . | 1 1 . 1 | 4 4 | 3 6 | 5 . |
| 5 2 | 4 . 3 | 2 . 1 7 . 2 | 1 . ‖ Grétry.

Ton d'Ut

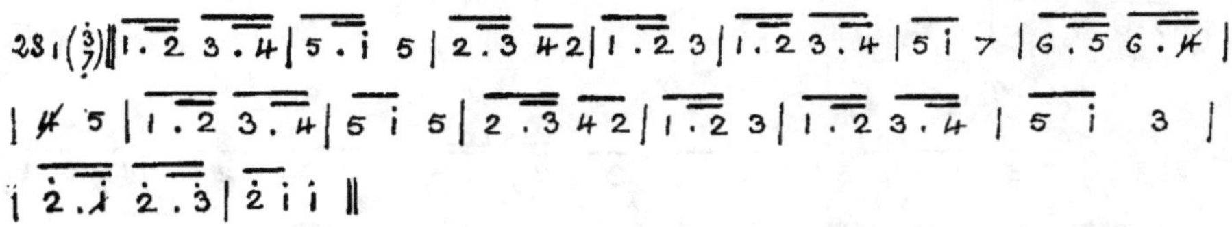

281 (3/7) ‖ 1 . 2 3 . 4 | 5 . 1 5 | 2 . 3 4 2 | 1 . 2 3 | 1 . 2 3 . 4 | 5 1 7 | 6 . 5 6 . #4 |
| #4 5 | 1 . 2 3 . 4 | 5 1 5 | 2 . 3 4 2 | 1 . 2 3 | 1 . 2 3 . 4 | 5 1 3 |
| 2 . 1 2 . 3 | 2 1 1 ‖

All° Ton de Ré.

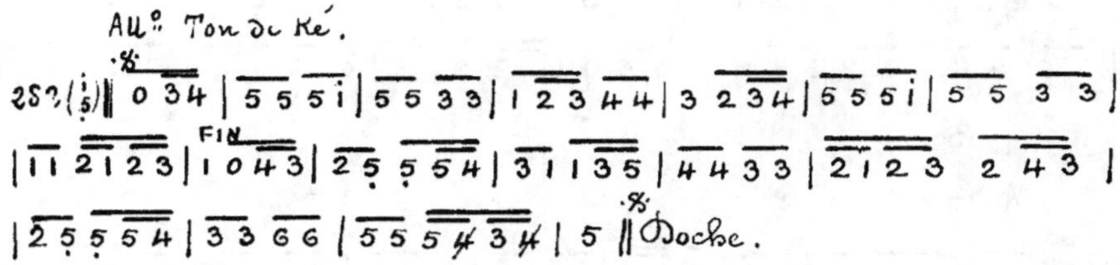

282 (1/5) ‖ 𝄋 0 3 4 | 5 5 5 1 | 5 5 3 3 | 1 2 3 4 4 | 3 2 3 4 | 5 5 5 1 | 5 5 3 3 |
| 1 1 2 1 2 3 | FIN 1 0 4 3 | 2 5 5 5 4 | 3 1 1 3 5 | 4 4 3 3 | 2 1 2 3 2 4 3 |
| 2 5 5 5 4 | 3 3 6 6 | 5 5 5 #4 3 #4 | 5 ‖ 𝄋 Doche.

And^te Ton de Fa.

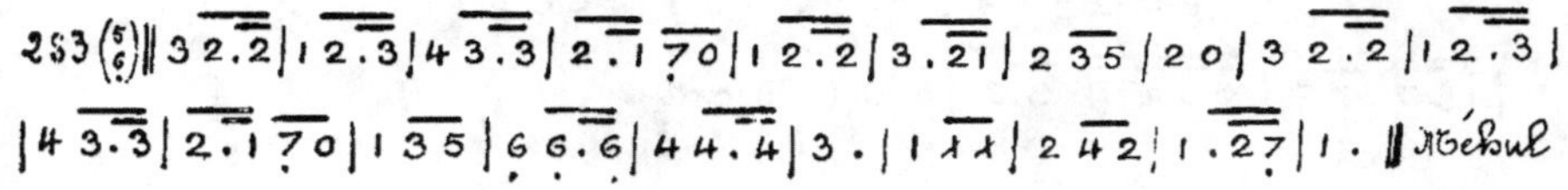

283 (5/6) ‖ 3 2 . 2 | 1 2 . 3 | 4 3 . 3 | 2 . 1 7 0 | 1 2 . 2 | 3 . 2 1 | 2 3 5 | 2 0 | 3 2 . 2 | 1 2 . 3 |
| 4 3 . 3 | 2 . 1 7 0 | 1 3 5 | 6 6 . 6 | 4 4 . 4 | 3 . | 1 1 1 | 2 4 2 | 1 . 2 7 | 1 . ‖ Méhul

Andte. Ton de Ré.

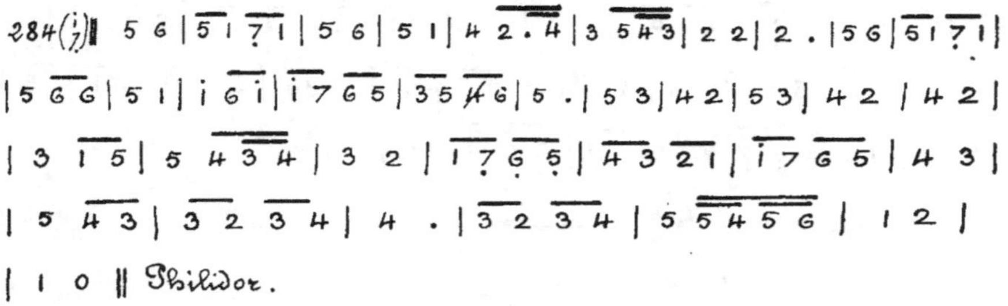

284 (1/7) ‖ 5 6 | 5 1 7 1 | 5 6 | 5 1 | 4 2 . 4 | 3 5 4 3 | 2 2 | 2 . | 5 6 | 5 1 7 1 |
5 6 6	5 1	1 6 1	1 7 6 5	3 5 ♯4 6	5 .	5 3	4 2	5 3	4 2	4 2
3 1 5	5 4 3 4	3 2	1 7 6 5	4 3 2 1	1 7 6 5	4 3
5 4 3	3 2 3 4	4 .	3 2 3 4	5 5 4 5 6	1 2
1 0 ‖ Philidor.

Allo Ton de Ré.

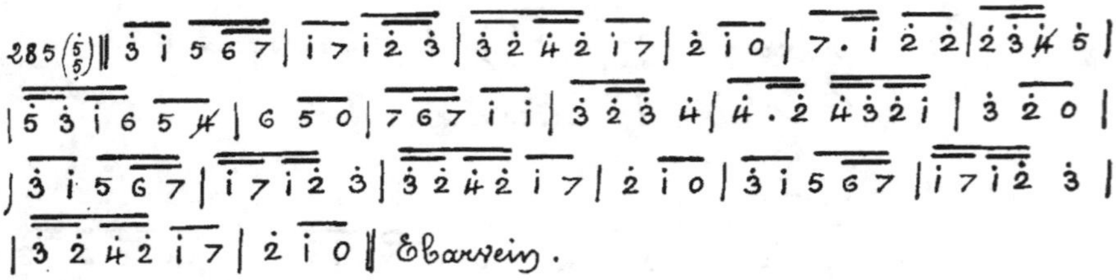

285 (5/5) ‖ 3 1 5 6 7 | 1 7 1 2 3 | 3 2 4 2 1 7 | 2 1 0 | 7 . 1 2 2 | 2 3 ♯4 5 |
| 5 3 1 6 5 ♯4 | 6 5 0 | 7 6 7 1 1 | 3 2 3 4 | 4 . 2 4 3 2 1 | 3 2 0 |
| 3 1 5 6 7 | 1 7 1 2 3 | 3 2 4 2 1 7 | 2 1 0 | 3 1 5 6 7 | 1 7 1 2 3 |
| 3 2 4 2 1 7 | 2 1 0 ‖ Charvein.

Allo Ton de Sol.

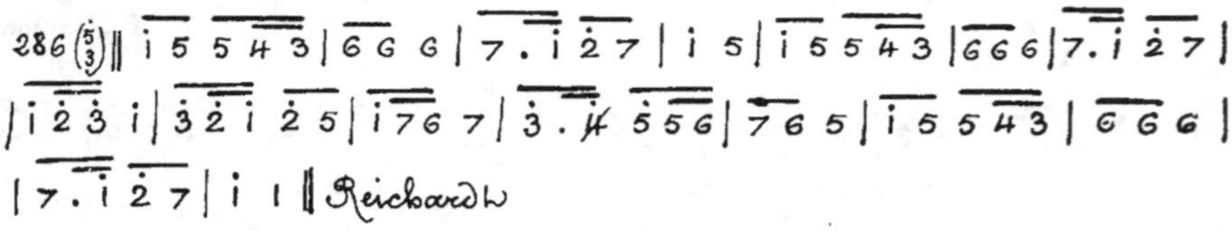

286 (5/3) ‖ 1 5 5 4 3 | 6 6 6 | 7 . 1 2 7 | 1 5 | 1 5 5 4 3 | 6 6 6 | 7 . 1 2 7 |
| 1 2 3 1 | 3 2 1 2 5 | 1 7 6 7 | 3 . ♯4 5 5 6 | 7 6 5 | 1 5 5 4 3 | 6 6 6 |
| 7 . 1 2 7 | 1 1 ‖ Reichardt

Ton d'Ut

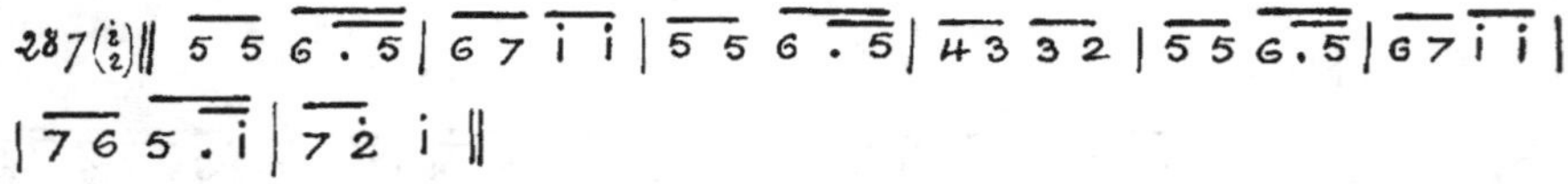

287 (2/2) ‖ 5 5 6 . 5 | 6 7 1 1 | 5 5 6 . 5 | 4 3 3 2 | 5 5 6 . 5 | 6 7 1 1 |
| 7 6 5 . 1 | 7 2 1 ‖

Allo Ton de Fa.

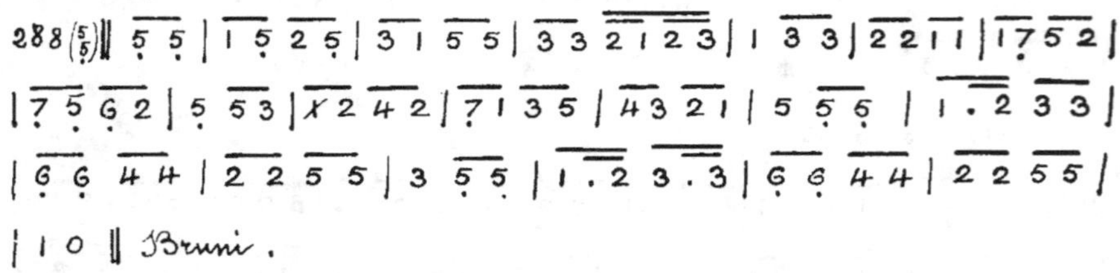

288 (5/5) ‖ 5 5 | 1 5 2 5 | 3 1 5 5 | 3 3 2 1 2 3 | 1 3 3 | 2 2 1 1 | 1 7 5 2 |
| 7 5 6 2 | 5 5 3 | ✗ 2 4 2 | 7 1 3 5 | 4 3 2 1 | 5 5 6 | 1 . 2 3 3 |
| 6 6 4 4 | 2 2 5 5 | 3 5 5 | 1 . 2 3 . 3 | 6 6 4 4 | 2 2 5 5 |
| 1 0 ‖ Bruni.

Andte (Ton d'Ut.

289 (1/1) ‖ 0 1 | 3 3 3 5 | 4 2 2 3 2 | 1 1 1 3 | 3 2 5 | ♯4 5 6 4 | 5 6 7 7 2 |
| 2 1 7 6 5 ♯4 | 6 5 2 | 4 4 3 3 | 2 3 4 2 1 1 | 6 6 5 1 | 7 1 2 7 1 5 | 3 . 2 1 1 |
| 1 . 7 6 6 | 5 1 6 4 3 2 | 1 0 ‖ Martini

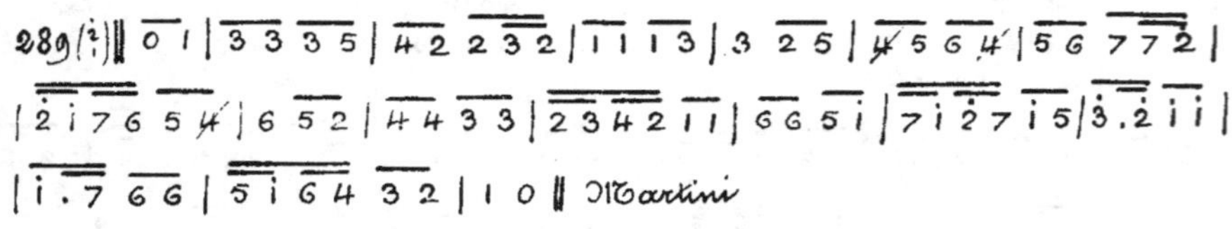

All.° Ton de La.

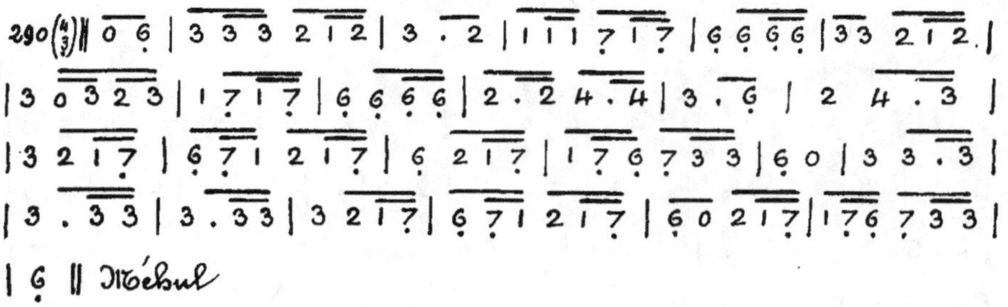

290 (4/3) ‖ 0 6 | 3 3 3 2 1 2 | 3 . 2 | 1 1 1 7 1 7 | 6 6 6 6 | 3 3 2 1 2 . |
3 0 3 2 3	1 7 1 7	6 6 6 6	2 . 2 4 . 4	3 . 6	2 4 . 3
3 2 1 7	6 7 1 2 1 7	6 2 1 7	1 7 6 7 3 3	6 0	3 3 . 3
3 . 3 3	3 . 3 3	3 2 1 7	6 7 1 2 1 7	6 0 2 1 7	1 7 6 7 3 3
6 ‖ Méhul

All.° Ton de Ré

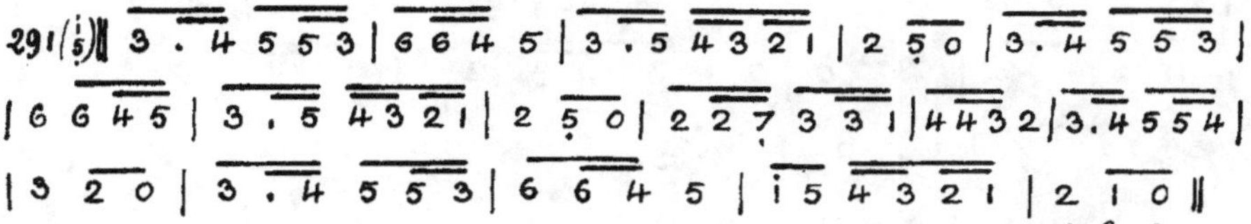

291 (1/5) ‖ 3 . 4 5 5 3 | 6 6 4 5 | 3 . 5 4 3 2 1 | 2 5 0 | 3 . 4 5 5 3 |
| 6 6 4 5 | 3 . 5 4 3 2 1 | 2 5 0 | 2 2 7 3 3 1 | 4 4 3 2 | 3 . 4 5 5 4 |
| 3 2 0 | 3 . 4 5 5 3 | 6 6 4 5 | 1 5 4 3 2 1 | 2 1 0 ‖
Schultz.

All.° Ton de Sol.

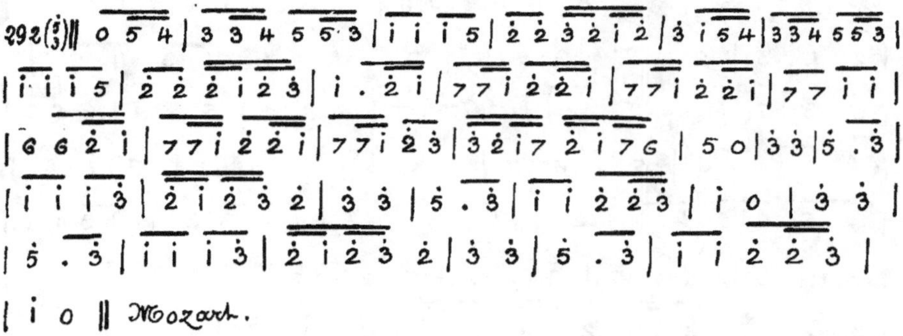

292 (5/3) ‖ 0 5 4 | 3 3 4 5 5 3 | 1 1 1 5 | 2 2 3 2 1 2 | 3 1 5 4 | 3 3 4 5 5 3 |
1 1 1 5	2 2 2 1 2 3	1 . 2 1	7 7 1 2 2 1	7 7 1 2 2 1	7 7 1 1
6 6 2 1	7 7 1 2 2 1	7 7 1 2 3	3 2 1 7 2 1 7 6	5 0	3 3	5 . 3
1 1 1 3	2 1 2 3 2	3 3	5 . 3	1 1 2 2 3	1 0	3 3
5 . 3	1 1 1 3	2 1 2 3 2	3 3	5 . 3	1 1 2 2 3
1 0 ‖ Mozart.

All.° Ton de Mi.

293 (6/1) ‖ 1 2 | 3 2 1 | 5 5 6 | 5 4 3 2 | 3 2 1 2 | 3 2 1 | 5 . 6 5 4 |
| 3 2 | 1 5 | 4 3 4 5 | 3 3 5 | 4 3 4 5 | 4 3 4 5 | 2 2 2 2 |
| 1 2 2 | 3 3 2 2 | 3 2 1 2 | 3 2 1 | 5 5 6 | 5 4 3 2 |
| 3 2 1 2 | 3 2 1 | 5 . 6 5 4 | 3 2 | 1 0 ‖

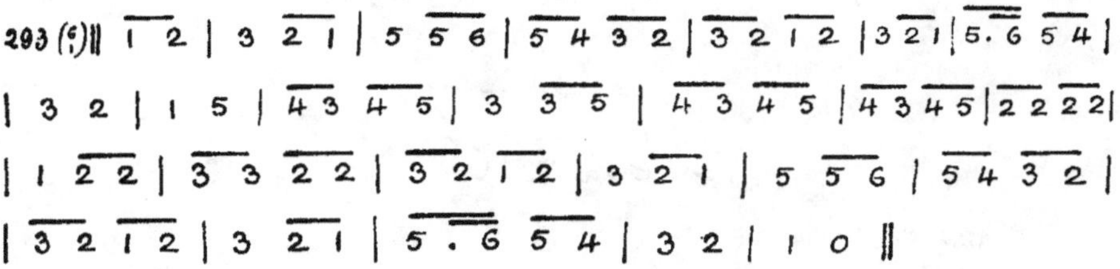

Section B

Andante. Ton de Fa.

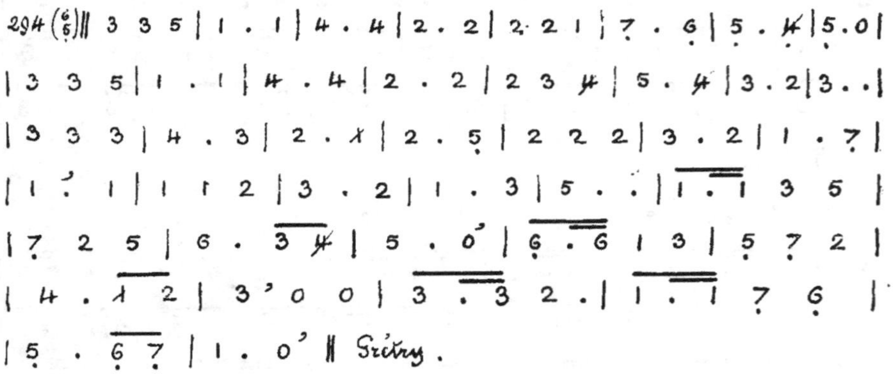

294 (6/8) || 3 3 5 | 1 . 1 | 4 . 4 | 2 . 2 | 2 2 1 | 7 . 6 | 5 . 4 | 5 . 0 |
3 3 5	1 . 1	4 . 4	2 . 2	2 3 4	5 . 4	3 . 2	3 . .
3 3 3	4 . 3	2 . X	2 . 5	2 2 2	3 . 2	1 . 7
1 . 1	1 1 2	3 . 2	1 . 3	5 . .	1 . 1 3 5
7 2 5	6 . 3 4	5 . 0	6 . 6 1	3	5 7 2
4 . X 2	3 0 0	3 . 3 2 .	1 . 1 7 6
5 . 6 7	1 . 0		Grétry.

Gracioso. Ton d'Ut.

295 (3/1) || 3 . 5 | 3 . 5 | 4 4 3 4 6 | 5 . 3 | i . 5 | 3 . 1 |
2 4 3	2 . .	3 . 5	3 . 5	4 4 3 4 6
5 3 5	i i 2 i	7 7 7	6 6 6	5 . 0	6 6 6
2 . i 7 6	5 . 6 7	i . 5	3 5 i	3 i 5
4 5 6 5 4 3	2 . .	3 . 5	4 . 3 2	4 4 3 4 6
5 . 3	i . 5	3 . 1	2 2 1 2 3	1 . 0	i . 5
3 . i	2 . x 2 . x 2 . x	2 i 5	i . 5	3 . i
5 5 i 7	i . .	. . 0		Romagnési.

Section C

All° Ton de Fa.

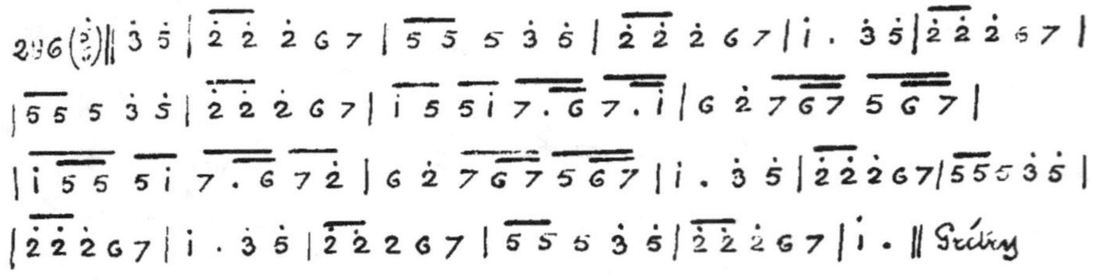

296 (2/4) || 3 5 | 2 2 2 6 7 | 5 5 5 3 5 | 2 2 2 6 7 | i . 3 5 | 2 2 2 6 7 |
| 5 5 5 3 5 | 2 2 2 6 7 | i 5 5 i 7 . 6 7 . i | 6 2 7 6 7 5 6 7 |
| i 5 5 5 i 7 . 6 7 2 | 6 2 7 6 7 5 6 7 | i . 3 5 | 2 2 2 6 7 | 5 5 5 3 5 |
| 2 2 2 6 7 | i . 3 5 | 2 2 2 6 7 | 5 5 5 3 5 | 2 2 2 6 7 | i . || Grétry

Andante. Ton de Fa.

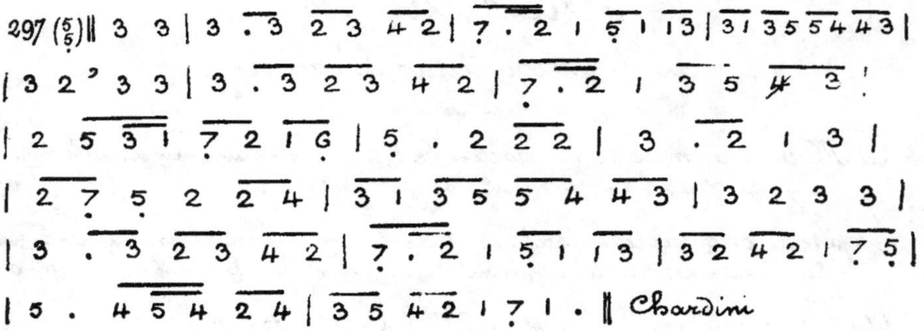

297 (5/5) ‖ 3 3 | 3 . 3 2 3 4 2 | 7 . 2 1 5 1 1 3 | 3 1 3 5 5 4 4 3 |
3 2 3 3	3 . 3 2 3 4 2	7 . 2 1 3 5 4 3
2 5 3 1 7 2 1 6	5 . 2 2 2	3 . 2 1 3
2 7 5 2 2 4	3 1 3 5 5 4 4 3	3 2 3 3
3 . 3 2 3 4 2	7 . 2 1 5 1 1 3	3 2 4 2 1 7 5
5 . 4 5 4 2 4	3 5 4 2 1 7 1 . ‖ Chardini

Andante. Ton de Fa.

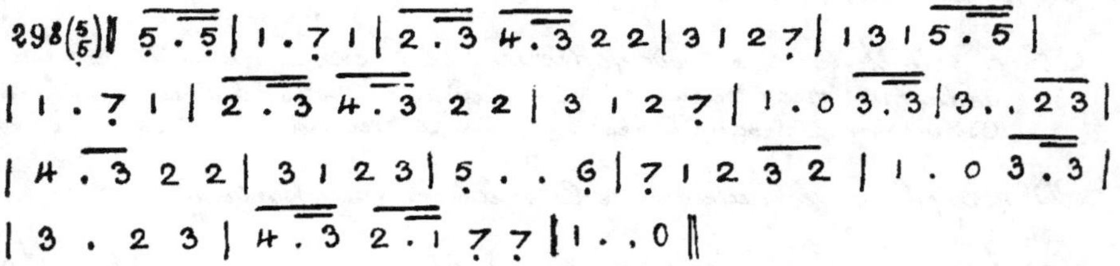

298 (5/5) ‖ 5 . 5 | 1 . 7 1 | 2 . 3 4 . 3 2 2 | 3 1 2 7 | 1 3 1 5 . 5 |
| 1 . 7 1 | 2 . 3 4 . 3 2 2 | 3 1 2 7 | 1 . 0 3 . 3 | 3 . . 2 3 |
| 4 . 3 2 2 | 3 1 2 3 | 5 . . 6 | 7 1 2 3 2 | 1 . 0 3 . 3 |
| 3 . 2 3 | 4 . 3 2 . 1 7 7 | 1 . . 0 ‖

All.° Ton de Sol.

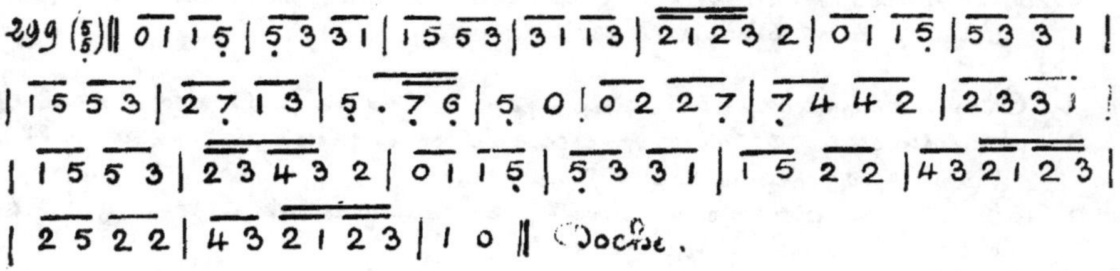

299 (5/5) ‖ 0 1 1 5 | 5 3 3 1 | 1 5 5 3 | 3 1 1 3 | 2 1 2 3 2 | 0 1 1 5 | 5 3 3 1 |
| 1 5 5 3 | 2 7 1 3 | 5 . 7 6 | 5 0 | 0 2 2 7 | 7 4 4 2 | 2 3 3 1 |
| 1 5 5 3 | 2 3 4 3 2 | 0 1 1 5 | 5 3 3 1 | 1 5 2 2 | 4 3 2 1 2 3 |
| 2 5 2 2 | 4 3 2 1 2 3 | 1 0 ‖ Dochse.

Andante. Ton de Si.

300 (4/1) ‖ 0 3 3 3 | 5 3 3 3 | 5 3 3 3 | 2 3 4 5 | 3 1 | 0 3 3 3 | 5 3 3 3 |
5 5 5 5	4 5 6 4	5 5 5 5	4 5 6 4	5 . 6 5	0 1 1 7	7 6 6 5
5 6 6 5	5 4 4 3	3 . 4 5	0 5 1 5	4 3 2 1	5 .	5 . 4 3
5 . 4 3	2 3 4 6	1 2	3 1 1	3 3 1	7 6 4 2	1 2	3 1 1
3 3 1	7 6 4 2	1 2	1 . ‖ Grétry.

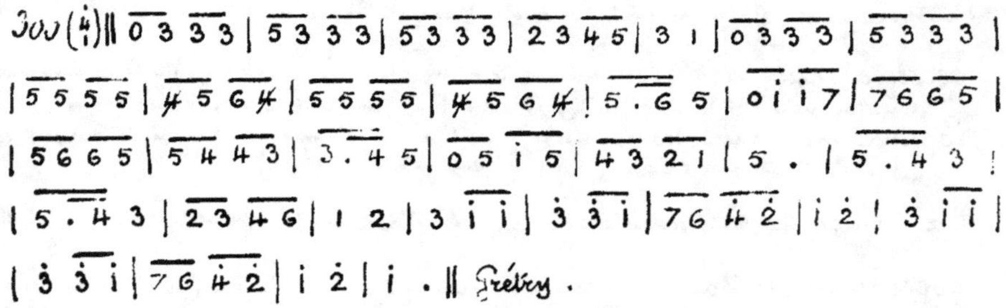

Imp. Lith. de l'Orphelinat Prévost, à Cempuis (Oise). — 600 . 12 . 90. — A.-P. Guérin, autogr.

Extrait du Catalogue des Publications de l'Association Galiniste.

La Musique mise à la portée de tous, communication adressée à tous ceux qui désirent apprendre ou enseigner la musique .... 0f 05.

Explications indispensables pour les personnes ne connaissant pas la méthode G.P.C. avec spécimen d'un chant par E. Chevé ..... 0f 05.

Qu'est ce que la Méthode G.P.C ? par A. Bouillis .... 0f 05.

La Musique modale, par P. Robin .... 0f 05.

Étude scientifique & pédagogique sur l'enseignement populaire de la musique : Écriture, Sténographie. — Notes, chiffres. — Comparaison Discussion. — Progrès à réaliser, par A. Perrand .... 0f 20.

Biographies des auteurs de la méthode avec portraits.

La Phonomimie musicale par P. Guilbot .... 0f 05.

Programmes d'Études & d'Examens adoptés par l'Association Galiniste le 1er Septembre 1888 .... 0f 10.

L'Élève-musicien, cours prépre 8 p. in 8° coq. en feuille 0f 10, cartonné 0f 20.
L'Instituteur & l'Élève musiciens, cours prépre, 52 pages, in 8° coq. broché 0f 50, cartonné toile 0f 75.
L'Élève musicien, cours élémre, 32 p. autographiées in 8° raisin, broché 0f 30. — Cartonné 0f 40.
L'Instituteur & l'Élève musiciens, cours élémre, 72 pages autographiées in 8° raisin. — broché 1f, Cartonné toile 1f 25.
Prochainement : Cours moyen, supérieur & complémentaire.

Lecture musicale (300 airs en notation chiffrée, composés ou recueillis par J. Bonnet, 48 p. in 8° raisin, broché 1f, cartonné toile 1f 25.
Lecture musicale (100 canons et duos) par J. Bonnet, 32 p. in 8° raisin, compacte, 2e édition, broché ..... 1f ... cartonné toile 1f 25.

La Musique instrumentale en chiffres, par P. Robin .... 0f 05.

Solfège inépuisable ou tableau des accords pour les fanfares, harmonies, orchestres, par P. Guilbot .... 0f 60.

Tablature du violon, etc... avec feuillet explicatif .... 0f 50.

Le Catalogue est envoyé franco

S'adresser à M. Alex. Augé, 32, R. des Bons enfants, à Paris ; et à l'Orphelinat Prévost, imprimerie de l'Assocon Galiniste, à Cempuis, près Grandvilliers (Oise).

www.ingramcontent.com/pod-product-compliance
Lightning Source LLC
LaVergne TN
LVHW020009170826
845677LV00022B/797

* 9 7 8 2 3 2 9 6 1 6 2 0 9 *